# Was ist Esoterik?

*ZWISCHEN WAHRHEIT UND FÄLSCHUNG*

Bruno BÉRARD und Aldo LA FATA

# WAS IST ESOTERIK?

*ZWISCHEN WAHRHEIT UND FÄLSCHUNG*

*Nachwort von Jean-Pierre Brach*

NeoLogique Editions

Französische Ausgabe:
*L'ésotérisme pour tous, Entretiens avec Aldo La Fata,*
L'Harmattan, 2024

Italienische Ausgabe:
*Che cos'è l'esoterismo, tra verità. e contraffazioni,*
Solfanelli, 2024

Spanische Ausgabe:
*¿Qué es el esoterismo? Entre verdades y falsificaciones,* Hipérbola Janus, 2025

Amerikanische Ausgabe:
*Esotericism for Everyone, Interviews with Aldo La Fata,*
Angelico Press, 2025 (erscheint demnächst)

Titelbild:
Gerson as a Pilgrim, frontispiece to Gersonis Opera, 1489
Albrecht Dürer (1471-1528)
Metropolitan Museum of Art (22,1 x 15,1 cm)
https://creativecommons.org/publicdomain/zero/1.0/

## Von denselben Autoren

Bruno Bérard

***Werke***

*Introduction à une métaphysique des mystères chrétiens (en regard des traditions bouddhique, hindoue, islamique, judaïque et taoïste)*, L'Harmattan, 2005, *imprimatur* (Paris) n° 20 (janv. 2003).

*Jean Borella : la Révolution métaphysique après Galilée, Kant, Marx, Freud, Derrida*, L'Harmattan, 2006, apostille de Jean Borella.

*Initiation à la métaphysique. Les trois songes*, préface de M. Cazenave, L'Harmattan, 2009.

*Métaphysique du paradoxe, t. 1. Paradoxes et limites du savoir, t. 2. La Connaissance paradoxale, L'Harmattan, 2019.*

*Lacuria, un philosophe et théologien occultisant au XIX*[e] *s.*, t. 1 & 2, ART édition, 2020.

*Métaphysique du sexe*, L'Harmattan, 2022.

*La démocratie du futur, le partage du pouvoir*, L'Harmattan, 2022.

*Conversations avec ChatGPT sur l'homme, le monde, Dieu et l'intelligence artificielle*, Postface de Johannes Hoff, L'Harmattan, 2024.

***- mit Jean Borella***

*Métaphysique des contes de fées*, L'Harmattan, 2011.

***- mit Aldo La Fata***

*L'ésotérisme pour tous*, L'Harmattan, 2024.
*Paroles chrétiennes pour tous, contresens et vérité*, L'Harmattan, 2025.

***- mit Aldo La Fata und und ein befreundeter Mönch***

*Théologie pour tous*, L'Harmattan, 2024.

***- auf Anglo-Amerikanisch***

*A Metaphysics of the Christian Mystery. Introduction to Jean Borella 's Work*, ed. John Champoux, Tacoma (WA): Angelico Press, 2018.

*Metaphysics for Everyone*, Angelico Press, 2024.

***- auf italienisch***

*Introduzione a una metafisica cristiana*, Roma : Simmetria, 2021.

*Sui sentieri della metafisica*, Roma : Simetria, 2024.

***- mit Aldo La Fata***
*Che cos'è l'esoterismo? Tra verità e contrafazzioni*, Solfanelli, 2024.
***auf Spanisch***
¿Qué es el esoterismo? Entre verdades y falsificaciones, Hipérbola Janus, 2025.

***Sammelbände (Hrsg.)***
*Qu'est-ce que la métaphysique ?* L'Harmattan, 2010.
*Métaphysique et psychanalyse*, L'Harmattan, 2013.
*Physique et métaphysique*, L'Harmattan, 2018.
*Jean Borella pour tous*, L'Harmattan, 2024.
***- auf Anglo-Amerikanisch***
*Rediscovering the Integral Cosmos: Physics, Metaphysics, and Vertical Causality*, Bruno BÉRARD (introduction), Jean BORELLA, Wolgang SMITH, Angelico Press, 2018.

***Vorworte***
*Qu'est-ce que la métaphysique ?* collectif, L'Harmattan, 2010.
Jean BIÈS, *Le soleil se lève à minuit. Initiation aux sagesses du quotidien*, L'Harmattan, 2011.
*Métaphysique et psychanalyse*, collectif, L'Harmattan, 2013.
*Physique et métaphysique*, collectif, L'Harmattan, 2018.

***- auf Anglo-Amerikanisch***
Jean BORELLA, Wolfgang SMITH, *Rediscovering the Integral Cosmos: Physics, Metaphysics, and Vertical Causality*, Angelico Press, 2018.
Wolfgang SMITH, *The Vertical Ascent, from Particles to the Tripartite Universe and Beyond*, Angelico Press, 2020.

***Artikel & Vorträge (Auszug)***
« Jean Borella : distinguer entre intelligence et raison », *in Au commencement est le cœur*, Alain SANTACREU (Dir.), L'Harmattan, 2010.
« René Guénon, l'ésotérisme et le christianisme », *in Au commencement est le cœur*, Alain SANTACREU (Dir.), L'Harmattan, 2010.
« Faut-il être intelligent pour être sauvé ? », site de Contrelittérature, 2010.
« Retour vers une métaphysique du Beau », *Du religieux dans l'art*, A-lain SANTACREU (Dir.), L'Harmattan, 2012.
« Un prêtre indépendant au XIXe siècle : l'abbé Lacuria (1806-1890) », *Politica Hermetica* n° 30, 2017 (pp. 159 *sq*).
Conférence *Politica Hermetica* : « Un prêtre indépendant au XIXe siècle, l'abbé Lacuria », 10 avril 2015, couvent de l'Annonciation, Paris.

***- auf Deutsch***
« Abbé Lacuria – unabhängiger Priester im 19. Jahrhundert », Gnostika 70, Nov. 2024.
***- auf Anglo-Amerikanisch***
« *Unmasking "AI"* », site de *Philos-Sophia.org*, 22 février 2018.
***- auf italienisch***
*"La metafisica come anti-dogmatismo e non-sistema"*, trad. Aldo La Fata, *Il Corriere Metapolitico*, IIIe année, n°9, déc. 2019.
*"Chrono-Sophia, Riflessioni sulla fine dei tempi"*, trad. Aldo La Fata, *Il Corriere Metapolitico*, IVe année, n° 10, avril 2020.
"*La Guarigione in due tempi*", trad. Aldo La Fata, *Il Corriere Metapolitico,* Ve année, n° 13, avril 2021.
"*L'ologramma cristologico o il Cristo olagrammatico*", trad. Aldo La Fata, *Il Corriere Metapolitico,* Ve année, n° 14, septembre 2021.

ALDO LA FATA
*Nella luce dei libri. Percorsi di lettura di un cavaliere errante,* Boopen Editore, 2007.

*René Guénon nel pensiero cattolico, tra tra "estimatori entusiasti", "e-stimatori critici" e "oppositori radicali", Simmetria, 2014.*

*Silvano Panunzio , Vita e Pensiero*, Solfanelli Editore, 2020

*Nella luce dei libri. Percorsi di lettura di un cavaliere errante,* Solfanelli, 2022.

***Kollektive Bücher***
*Testimone dell'Assoluto. L'itinerario umano et intellettuale di Silvano Panunzio* , Ed. Cantagalli, 1998.

*Per una nuova oggettività. Popolo, Partecipazione, Destino,* Heliopolis Edizioni, 2011.

*Tantrismo magico* versus *religione cattolica,* Ed. di Metapolitica, 2016.
*Dalla metafisica alla metapolitica. Omaggio a Silvano Panunzio nel centenario della nascita,* Simmetria, 2018.

***Übersetzungen***
Französisch:
*Lettere di Julius Evola a Tristan Tzara*, Quaderni di testi evoliani, n. 25, Fondazione J. Evola , 1991.

*Considerazioni sull'opera di René Guénon* ( da "Einige Kritiken" von Frithiof Schuon ), Ed. Settimo Sigillo, 1992.
*Mistero e origine del Male alla luce della Tradizione (con schiarimenti sull'Anticristo)* von Jean Phaure, Ed. di Metapolitica, 2010.
*Le critiche di Jacques Maritain a René Guénon* (da "René Guénon - La contemplation métaphysique et l'expérience mystique" di Christophe Andruzac), in *René Guénon nel pensiero cattolico*, Simmetria, 2014.
*Le critiche del cardinal Daniélou* (da "René Guénon - La contemplation métaphysique et l'expérience mystique" di Christophe Andruzac), in *René Guénon nel pensiero cattolico*, Simmetria, 2014.
*Introduzione a una metafisica cristiana* di Bruno Bérard, Roma: Simmetria, 2021.
*Sui sentieri della metafisica* di Bruno Bérard, Roma: Simetria, 2024.
- ***Auf Spanisch:***
*Giardino di trincee* Sergio Fritz Roa, Ed. di Metapolitica, 2010.
*Il Dio mortale Il mito dello Stato tra crisi europea e crisi della politica*, di Dalmacio Negro, Edizioni Il Foglio, 2014.

***Vormundschaften***
*I Colori Simbolici, Origini un linguaggio universale* von Giovanni d'Aloe, Gabrielli Editore, 2004.
*La coralità celeste superdivina* von Silvano Panunzio , Ed. di Metapolitica, 2009.
*Archivio Storico della Rivista di Studi Universali "Metapolitica"*, Ed. di Metapolitica, 2010.
*Chiarificazioni ideali* von Giovanni d'Aloe, Ed. di Metapolitica, 2010.
*Contemplazione e Simbolo* von Silvano Panunzio , Simmetria, 2014.
*Difesa dell'Aristocrazia* di Silvano Panunzio , Quaderni di Metapolitica, 2017.
*Le frontiere dell'aldilà* di Silvano Panunzio , Quaderni di Metapolitica, 2017.
*Scritti su René Guénon* di Silvano Panunzio , Quaderni di Metapolitica, 2018.
*Vecchia e Nuova Cosmologia* di Silvano Panunzio , Quaderni di Metapolitica, 2018.
*Per una rettificazione metafisica della sociologia* di Silvano Panunzio, Quaderni di Metapolitica, 2018.

Guida bibliografica tradizionale Orientale-Occidentale di Silvano Panunzio , Quaderni di Metapolitica, 2018.
*Metafisica del Vangelo Eterno* di Silvano Panunzio , Simmetria, 2018.
*Himmel und Erde. Poesia, simbolismo, sapienza nel Poema Sacro* di Silvano Panunzio , Simmetria, 2019.
*Metapolitica, la Roma Eterna e la Nuova Gerusalemme* di Silvano Panunzio , Iduna, 2019
*René Guénon e la crisi del mondo moderno* von Silvano Panunzio, Iduna, 2022.
*Briefe an Attilio Mordini* von Silvano Panunzio, Solfanelli, 2023.
*Che cos'è la metapolitica* di Silvano Panunzio, Solfanelli, 2023.

***Artikel***
Zu zahlreich, um hier aufgelistet zu werden. Siehe die Website des *Corriere Metapolitico.*

# INHALT

# *EXERGUE*

*Esoterik gibt es seit Jahrtausenden, wenn nicht seit Beginn der Menschheit, und besteht darin, immer tiefer in die Mysterien Gottes, der Welt und des menschlichen Lebens einzudringen.*

*Im 19. Jahrhundert erreichten Esoterik und Okkultismus – die „falschen Zwillinge" (J.P. Laurant) – einen derartigen Höhepunkt, dass die beiden Substantive für sie auftauchten, und es war das Werk von René Guénon, sie zu unterscheiden und die Esoterik zu kodifizieren.*

*Auch heute noch blühen in den weitgehend säkularisierten westlichen Kulturen moderne Esoterikformen wie* New Age, *Ufologie, persönliche Entwicklungen usw. Die meisten dieser Formen der Esoterik sind in den letzten Jahrzehnten entstanden.*

*In den letzten Jahrzehnten haben sich zahlreiche akademische Arbeiten mit dem gesamten Spektrum der Esoterik befasst: von den uralten Megalithismen bis hin zu modernen philosophischen Gnostizismen. Der historistische Ansatz, der von Natur aus beschreibend ist, sollte jedoch durch Bewertungen und Werturteile ergänzt werden.*

*Aldo La Fata, dessen „kognitive Bescheidenheit" von Carlo Gambescia so treffend formuliert wurde und dessen katholische Intimität weder verdeckt noch übertrieben zur Schau gestellt wird, hat den großen Vorteil einer Perspektive, wie sie hier angestrebt wird.*

*Mit seiner essentiellen Gelehrsamkeit, die jedoch niemals seine Reden belastet, und seiner freien und klaren Sprache schien uns Aldo La Fata der beste „Prüfstein" für diese Einführung in die Esoterik zu sein. Der Leser wird sein Urteil fällen.*

*Es sei darauf hingewiesen, dass man zwar von der Metaphysik (Wissenschaft, Lehren...) sprechen kann, während es die*

*Metaphysik ist, die zählt, dass Aldo La Fata in diesen Gesprächen jedoch von den vielfältigen Esoteriken spricht, während es doch die Esoterik ist, die zählt und für ihn zählt. Die Metaphysik oder die Esoterik sind also sowohl Wege als auch das höchste Ziel, das man anstreben kann.*

*Wir vergessen also die Geschichte, zumindest die historistische Geschichte, ebenso wie die Esoterik als solche; dann erkennen wir die Präsenz des Esoterischen, das in der Welt und im Herzen des Menschen verborgen ist, die Verbindung, die sie verbindet und zu der sie den Weg weist.*

*Bruno Bérard*

# KAPITEL I

# ESOTERIK UND WISSENSCHAFT

*Als im 19 Jahrhundert das Wort „Esoterik" auftauchte, wurden alle esoterischen Ansätze - Bewegungen in die Geheimnisse des Lebens, der Welt und Gottes hinein - unter einem einzigen Begriff zusammengefasst. Wenn also jeder esoterische Ansatz als Wissenschaft - im etymologischen Sinne von Wissen - bezeichnet werden konnte, so ist der neue Begriff der Esoterik eine Wissenschaft zweiten Grades. Wie kann dieses Wissen organisiert werden? Unmittelbar stellt sich die Frage, wie man über die historische Beschreibung hinausgehen kann.*

Bruno Bérard (BB). Alle diese Interviews werden dazu beitragen, den Begriff Esoterik zu charakterisieren und das letzte Interview wird eine Definition liefern. Können Sie uns etwas über dieses Wort sagen und, in einem ersten Ansatz, was es bedeutet?

## *Esoterik oder Okkultismus*

Aldo La Fata (ALF). Es ist wichtig zu betonen, dass das Substantiv im Gegensatz zum Adjektiv, das schon immer existiert zu haben scheint, sehr neu ist. *Es* erschien 1792 im Deutschen (*die* Esoterik)[1] und 1828 im Französischen[2] , bevor es von einem Eliphas Lévi zum Beispiel ausgiebig verwendet

---

[1] Erhoben von Monika Neugebauer-Wölk („*Der Esoteriker und die Esoterik...*", 2010) bei Johan Philipp Gabler, der die *Urgeschichte* von Johan Gottfried Eichhorn herausgegeben hat .

[2] Aufgezeichnet von Jean-Pierre Laurant 1992 bei Jacques Matter (*Histoire critique du gnosticisme et de son influence*).

wurde, oft als ungefährer Ersatz für *philosophia perennis* oder *philosophia occulta.*[3]

BB. Daher wird nicht immer zwischen „Esoterik“ und „Okkultismus“ unterschieden, wobei letzterer Begriff z.B. von einem Robert Amadou bis zum Ende des 20.

ALF. Diese Unterscheidung wurde jedoch endgültig von René Guénon in der ersten Hälfte des 20. Jahrhunderts getroffen. Es ist zu beachten, dass das Substantiv zu Beginn der Säkularisierung der Kultur in Europa auftaucht und sich verbreitet. Ein solches Auftreten, d.h. die Notwendigkeit einer Definition, markiert den Moment der Verfinsterung des Offensichtlichen!

## *Esoterik und Exoterik*

BB. Die Etymologie, die insbesondere von Jean Borella in Erinnerung gerufen wurde, ist ebenfalls sehr informativ.

ALF. Das griechische Adjektiv *esôterikos* gibt von sich aus drei Hinweise. *Esô* bedeutet „innen“ mit einer Idee von Bewegung: „nach innen“; *ter* (von *teros*) weist auf einen Vergleich hin: „mehr nach innen (als)“; und die Endung *ikos* verdeutlicht die Nuance der Besonderheit: „das, was die Besonderheit hat, mehr nach innen (als) zu gehen“.

Das Wort beinhaltet daher drei Schlüsselaspekte: den Begriff des „Inneren“ oder der Vertiefung, der sich auch in seinem arabischen Äquivalent *Bâtin* (auch „Höhle“, „Matrix“) wiederfindet; den Begriff der ständigen Bewegung in Richtung eines immer tieferen Inneren, was jegliche "installierte", festgelegte, endgültige Esoterik ablehnt; und den Begriff des Vergleichs: der relative Gegensatz zwischen „Esoterik“ und „Exoterik“.

BB. *Relative* Opposition, wie Sie sagen; keine Esoterik ohne Exoterik, ohne Unterstützung einer Tradition und keine

---

[3] *Vgl.* Antoine Faivre , *Accès à l'ésotérisme occidental*, Paris: Gallimard, 1986.

absolute Exoterik, ebenso wenig wie eine absolute, reine Esoterik, die von jeder Form und Offenbarung befreit ist (wie Hegel es sich z.B. gewünscht hätte). Aber lassen Sie uns von der Etymologie zu einer allgemeineren Definition von Esoterik übergehen.

### *Wahre Esoterik und falsche Esoterik*

ALF. Auf den ersten Blick und im üblichsten Sinne des Wortes bezeichnet „Esoterik" okkultes, geheimes oder verborgenes Wissen, das nur einigen wenigen zugänglich ist. Der Begriff, der auf Platon und Aristoteles zurückgeht, bezog sich in Wirklichkeit auf die mündlichen Lehren des Meisters oder auf ein „Material", das nur von den Studenten der Akademie eingesehen werden konnte. Nach zweieinhalbtausend Jahren wurde der Begriff auf alle spirituellen Orientierungen, Riten, Doktrinen oder Geheimwissen übertragen, die nur wenigen Privilegierten vorbehalten sind.

Dies erklärt eindeutig die beunruhigende Faszination, die sie vor allem auf kulturell weniger ausgestattete und phantasievolle Menschen ausübt, d.h. auf Menschen, die nicht über angemessene intellektuelle Unterscheidungswerkzeuge verfügen. Dies erklärt auch den großen Erfolg der popularisierten oder romantisierten Esoterik, insbesondere bei jungen Menschen, die in der Regel die gelegentlichsten Nutzer und Anhänger sind, bis das Alter und die Härte des Alltags das Interesse daran nicht mindern. Tatsächlich ist es nicht falsch, die Esoterik in diesem Zusammenhang auch als ein „literarisches Genre" zu bezeichnen, das mit Science Fiction oder der so genannten „Fluchtliteratur" vergleichbar ist und dessen Hauptzweck die Unterhaltung und Freizeitgestaltung ist. Mit esoterischer Literatur wird der Geschmack einer bestimmten Klasse von Lesern befriedigt, die sich von Sensationen und allem, was nicht alltäglich ist, angezogen fühlen. Wie ein Freund von mir, der sich mit diesen Themen auskennt, sehr gut beobachtet hat, ist diese Art von Literatur oft nur ein faszinierender „Spielplatz für den Geist".[4]

Natürlich bedeutet dies nicht, dass sie abgelehnt werden sollte; weit davon entfernt. Es gibt nicht nur die Phantasie und das Träumen, sondern auch die kreative oder schöpferische Vorstellungskraft, d.h. die aktive Vorstellungskraft, durch die der Mensch auch spirituelle Realitäten erfassen kann. Vielleicht werden wir später darauf zurückkommen, aber in der Zwischenzeit sollten wir beginnen, uns mit diesem Konzept vertraut zu machen, das, wie ich sagen würde, ein grundlegender Schlüssel zum Verständnis der authentischen oder traditionellen Esoterik ist.

BB. Wenn man Antoine Faivre liest, der als Esoterik sowohl den Gnostizismus als auch die Theologie, den Spiritismus als auch die Gnosis auflistet, scheint es mir wesentlich zu sein, die authentische Esoterik von anderen zu unterscheiden, wie Sie es tun, aber es muss noch geklärt werden, was unter „authentischer Esoterik" zu verstehen ist.

ALF. Um ein Bild zu gebrauchen, würde ich sagen, dass „echte" Esoterik den sogenannten „harten" Wissenschaften ähnelt, die Strenge, Studium und Anstrengung erfordern, um verstanden und dann angewandt zu werden, während „Pseudo"-Esoterik oder einfach nur literarische oder oberflächliche Esoterik, wie die „weichen Wissenschaften" (engl. *soft sciences*) wäre, die keine angemessene Vorbereitung, keine Anstrengung zum Verständnis und noch weniger einen empirischen Nachweis erfordern, so dass der Anhänger dann Eifer „Wissen" erwirbt und sich aneignet, das leider auf unsicheren Elementen, Vermutungen und manchmal sogar auf Phantasien beruht. Einige kirchliche Gelehrte haben zu Recht von

[4] Auf Italienisch: „*parco giochi per la mente*". Diese Definition stammt von dem Turiner Forscher und Gelehrten Dario Chioli (1956), der mich mit seiner Freundschaft beehrt und den ich für einen großen Kenner dieses Themas halte.

*gnosi pura* („reine Gnosis") für die Esoterik des ersten Typs und von *gnosi spuria* („falsche Gnosis") für die Esoterik des zweiten Typs gesprochen, wobei *spurio*genau genommen gefälscht, verfälscht, falsch bedeutet.

BB. Esoterik und Gnosis sollten jedoch nicht miteinander verwechselt werden.

ALF. Absolut, Gnosis (der Mond) sollte nicht mit Esoterik (der Finger, der auf den Mond zeigt) verwechselt werden. Aber abgesehen von dieser notwendigen Klärung glaube ich, dass das kirchliche Vorurteil gegen eine gewisse Pseudo-Esoterik in gewisser Weise begründet ist. Denn in der Tat gab es eine falsche Esoterik, die in vielerlei Hinsicht an den Gnostizismus im engeren Sinne erinnert und mit ihm verbunden ist, d.h. an das, was in Alexandria in Ägypten und in Rom blühte und sich entwickelte und dessen Lehren mit den Lehren unvereinbar sind, die von den Kirchen in Rom und den allerersten christlichen Gemeinden angeboten wurden. Dies ist ein sehr komplexes Thema, das zahllose Erklärungen und Übersichten erfordern würde, die ich hier nicht einmal kurz geben kann. Ich möchte jedoch klarstellen, dass die Esoterik, die die Kirche für falsch hält – und ich stimme ihr zu – vor allem die Esoterik ist, die in starkem Kontrast zu ihrer "Orthodoxie" und „Orthopraxie" steht.

BB. Können Sie weitere Beispiele für falsche Esoterik oder Pseudo-Esoterik nennen?

ALF. Man könnte sich auf all jene beziehen, die eine *exklusivistische* Sicht der Realität vorschlagen, d.h. eine sektiererische und damit häretische Sicht[5], die in offenem Kontrast zu anderen Sichtweisen oder Perspektiven steht. In diesem Sinne könnte man auch so weit gehen zu sagen, dass sogar der

[5] „Ketzerei" leitet sich vom griechischen *αἵρεσις* (*haìresis*) ab, das seinerseits vom Verb *αἱρέω* (*hairèō*): „ergreifen", „nehmen", aber auch „wählen" oder „erwählen" abgeleitet ist und damit eine exklusivistische Bedeutung annimmt.

Szientismus in seinen Theorien und Methoden eine Form von „falscher Esoterik“ ist, die so weit geht, den physikalischen und experimentellen Wissenschaften die Fähigkeit zuzuschreiben, alle Probleme des Menschen und seine Bedürfnisse, sogar die spirituellen, zu befriedigen. Aber falsche Esoterik ist auch jene, die, wie man in Italien sagt, „aus allem einen Block macht“, d.h. die unterschiedslos die unterschiedlichsten Lehren und Überzeugungen ohne jede Unterscheidung zusammenbringt.

BB. Ein Beispiel?

ALF. Ich denke an die Bewegung, der die Massenmedien den Namen *New Age* (wörtlich „neues Zeitalter“ auf Deutsch) gegeben haben. Dies ist ein allgemeiner Ausdruck für eine große Bewegung, eine Subkultur, die viele alternative psychologische, soziale und pseudo-spirituelle Strömungen umfasst. Sie entstanden Ende des 20·Jahrhunderts in der westlichen Welt und breiteten sich zunächst in den Vereinigten Staaten stark aus. Obwohl einige sie als etwas Positives oder sogar Harmloses ansahen, kann man die Phänomene der Entfremdung und der Realitätsverschiebung nicht leugnen, die dazu geführt haben, dass mehr als ein Einzelner und ganze Familien ihr Leben ruiniert haben. Vielleicht können wir darauf zurückkommen...

Nachdem wir uns von allem, was authentische Esoterik nicht ist oder nicht sein sollte, distanziert haben, können wir beginnen, eine genauere und definierte Bedeutung zu skizzieren.

### *Esoterik und Esoterikologie*

BB. Gibt es also keine legitime wissenschaftliche „Esoterik“?

ALF. Doch, natürlich ist es das. Eine historisch-kritische Untersuchung der Esoterik in all ihren Formen ist völlig legitim. Ich finde, dass die Existenz ernsthafter und rigoroser

Studien zu diesem Thema nur begrüßt werden kann. Es besteht jedoch die Gefahr, dass diese Studien die Oberhand gewinnen und die spirituelle Bedeutung letztendlich vernachlässigt und vergessen wird. Die – historistische – Geschichte ist nicht nur eine Eroberung des aufgeklärten Geistes, sondern kann, wie Nietzsche feststellte, zu einem „verzehrenden Fieber" werden und uns in den Ruin treiben. Die Esoterik in all ihren Formen zu archivieren und zu durchforsten bedeutet, sie zu verzerren, zu schwächen, zu verarmen, sie zu einem exotischen und musealen Relikt zu machen und damit zu etwas ganz anderem als dem, was sie wirklich ist. Ich denke daher, dass ein guter Esoteriker[6] auch ein guter Esoteriker sein muss, so wie ein guter Theologe auch ein guter Gläubiger sein muss. Denn ohne eine lebendige Beziehung zu dem Fach, das man studiert, kann es keinen wirklichen Erwerb und keine Eroberung geben, nicht einmal als Gegenleistung. Natürlich werden diejenigen, die an den Grenzen des Beweisbaren stehen bleiben (Esoteriker), weniger falsch liegen als diejenigen, die dort nicht stehen bleiben (Esoteriker), aber diejenigen, die dort nicht stehen bleiben (Esoteriker), haben eine größere Chance, weiterzugehen. Und „darüber hinausgehen" ist meiner Meinung nach genau das Wesen der Esoterik, ihre Aufgabe und ihr eigentliches Ziel.

### *Esoterologen und Esoteriker*

BB. Sollten Sie nicht einige bibliographische Referenzen angeben?

ALF. Ja, das ist richtig. In französischer Sprache würde ich mindestens sechs Titel vorschlagen, drei von akkreditierten Esoterikern und drei von ebenfalls akkreditierten

[6] Dieser Neologismus findet sich bei Émile Poulat , Introduction à Jean-Pierre Brach & Jérôme Rousse-Lacordaire (Hrsg.), *Études d'histoire de l'ésotérisme. Mélanges offerts à Jean-Pierre Laurant zu seinem siebzigsten Geburtstag*, Paris, Éditions du Cerf, 2007, S. 8.

Esoterikern. Damit soll zum Ausdruck gebracht werden, dass man immer versuchen muss, ein Gleichgewicht zwischen Wissenschaft und Glauben zu finden, um nicht in Szientismus oder umgekehrt in Fideismus zu verfallen. Auf der einen Seite der Waage würde ich den mittlerweile klassischen Artikel "Was ist Esoterik?" von Pierre A. Riffard , „L'Esotérisme" von Jean-Pierre Laurant und „L'Ésotérisme" von Antoine Faivre; auf der anderen Seite, als Gegengewicht, „L'Ésotérisme" von Luc Benoist, „La fin de l'ésotérisme" von Raymond Abellio und „L'ésotérisme comme principe et comme voie" von Frithjof Schuon. Diese Texte sind nicht sehr leicht zu lesen, aber insgesamt bieten sie einen recht breiten und, wie ich sagen würde, seriösen Überblick über das Thema, natürlich nur, wenn einige Kenntnisse bereits vorhanden sind. Und genau das ist der Zweck unserer Gespräche, nämlich eine Einführung zu bieten, die den Zugang zu weiteren Einblicken erleichtert.

BB. Dies wäre ein guter Titel für dieses Buch. Um beim Thema „Esoterik und Wissenschaft" zu bleiben: Es geht nicht nur um die Annäherung an eine bestimmte Esoterik, die von einem streng wissenschaftlichen historisch-kritischen Ansatz bis hin zur eifrigsten und propagandistischsten Lobrede oder Apologie reichen kann, sondern auch um die Tatsache, dass „Esoterik" und „Wissenschaft" sich beide auf den Begriff des Wissens beziehen. Wie würden Sie dieses Wissen charakterisieren?

### *Esoterik und Wissen*

ALF. Dies ist sicherlich eine entscheidende Frage, der man nicht ausweichen kann. Tatsächlich habe ich nicht zufällig über den Szientismus gesprochen und ihn als eine Form von Pseudoesoterik definiert. Wenn es eine Beziehung zwischen falscher Esoterik und Szientismus gibt, oder zwischen einem falschen Weg und einer falschen Wissenschaft, dann ist es klar, dass es auch eine Beziehung zwischen wahrer Wissenschaft und wahrer Esoterik geben muss.

BB. Welche

ALF. Wie Sie richtig sagen, beziehen sich beide auf den Begriff des Wissens, aber menschliches Wissen im Falle der Wissenschaft, spirituelles oder göttliches Wissen im Falle der Esoterik. Der Begriff Wissen, der vom lateinischen „cognoscere“[7] abgeleitet ist, kann je nach Kontext unterschiedliche Bedeutungen haben, aber er gehört in gewisser Weise dem Konzept der Information an. Wissen kann und sollte jedoch nicht mit Semantik verwechselt werden. Wir sagen, dass Wissen eine gewisse Form der Identifikation mit dem bekannten Objekt voraussetzt, die im Fall von Information auszuschließen ist.

BB. Inwieweit kann man dann sagen, dass die Wissenschaft über Wissen verfügt oder danach strebt

ALF. Man könnte antworten, insofern es gelingt – *quodammodo* würde Thomas von Aquin sagen, d.h. „irgendwie“ – die begrifflichen Errungenschaften mit den empirischen Überprüfungen in Einklang zu bringen. Auch hier würde die Frage viele Seiten an Erklärungen erfordern, die wir hier nicht schreiben können, über die es jedoch ganze Abhandlungen gibt. Die Unterscheidung, die wir am Anfang gemacht haben und die die Frage beantwortet, wann wir wahres Wissen erlangt haben und ob es uns ausreicht. Die Antwort lautet, dass wahre Erkenntnis dann eintritt, wenn das Subjekt und das erkannte Objekt identifiziert werden.

BB. Das ist richtig, aber diese Identifizierung muss präzisiert werden. Bedeutet sie, dass das Subjekt im Objekt verschwindet oder dass das Objekt im Subjekt verschwindet?

---

[7] Abgeleitet von *cum*: „mit“ und *gnoscere*: „wissen, kennen“, letzteres von einer indoeuropäischen Wurzel, die mit dem altgriechischen *γιγνώσκω* (*gignṓskō*) verwandt ist. Der Zusatz „mit“ zeigt an, dass ein „Wissen“ angeeignet, verinnerlicht wird, während ein bloßes „Wissen“ äußerlich bleibt.

ALF. Auch hier könnten wir auf die vielen Antworten verweisen, die wir von der Philosophie und den Doktrinen der verschiedenen religiösen Traditionen der Welt erhalten haben, wenn sie Spekulationen theoretischer Natur hervorgebracht haben. Die Esoterik ist jedoch keine Gnoseologie (d.h. sie ist keine Erkenntnistheorie) und da sie auch keine Philosophie ist, kann man sagen, dass sie nicht an einer theoretischen Antwort interessiert ist, die immer im Hintergrund bleibt. Er ist nicht wie die Wissenschaft an besonderen Objekten interessiert, sondern am absoluten Objekt, d.h. an der Wurzel und der Quelle aller Objekte. Also nicht das Besondere, sondern das Universelle; dies ist seine Hauptsuche. Außerdem strebt die Esoterik nicht nach Erkenntnis durch den Verstand oder die reflexive Vernunft mit den entsprechenden Mitteln und Methoden, sondern durch das „Licht des Intellekts" (Dante ), jenes Vermögen, das den Verstand und die kognitiven Fähigkeiten leitet und auch über sie hinausgeht. Für die Esoterik müssen nicht der Denker und der Gedanke gleich werden (eine falsch verstandene platonische Suggestion), sondern beide müssen ins Göttliche transzendiert werden. Wenn Sie einverstanden sind, könnten wir abschließend noch vereinfachen, indem wir sagen, dass die Esoterik die Transzendenz zum Gegenstand hat, während die Wissenschaft sich mit der Immanenz befasst.

BB. Dies ist eine gute Überleitung zu unserem Gespräch über „Esoterik und Religion".

# Kapitel II

# Esoterik und Religion

*Ein großer Experte wie Antoine Faivre , scheint alle Esoteriken unter einem Banner zu vereinen, ob es sich nun um Theologie oder häretische Gnostizismen oder um areligiöse Esoterik handelt. Wie ist die Beziehung zwischen Esoterik und Religion?*

BB. Gemäß den von Fachleuten vorgenommenen Gruppierungen werden als Esoterik sowohl Theologien - innerhalb von Religionen - als auch konfessionslose Ansätze bezeichnet. Wie würden Sie die Verbindung zwischen Esoterik und Religion charakterisieren?

***Esoterik: Theorie oder Weg?***

ALF. Ich verstehe die analytische Notwendigkeit der Wissenschaft mit ihren Unterscheidungen und Klassifizierungen, aber dieser Ansatz funktioniert nicht für die Esoterik, wenn man akzeptiert, dass es sich um einen „Weg" und nicht um eine Theorie, ein System von Ideen oder eine Doktrin als solche handelt. Theorien und Doktrinen können ein Ausgangspunkt sein, aber sie sind nicht der „Weg". Außerdem haben wir es nicht mit einem einzigen Weg zu tun. Wenn wir über Esoterik sprechen, sollten wir es daher vermeiden, alles unter einer Überschrift oder Bezeichnung aufzuzählen. Meiner Meinung nach tragen Aufzählungen nicht zur Klärung bei, sondern verraten eine Absicht.

BB. Was wäre das?

ALF. Die Gefahr, eine geistige Frage in eine Theorie oder eine Idee zu verwandeln, die dem eigenen Standpunkt unterworfen ist, oder in ein geschlossenes System mit einem erzwungenen Ergebnis. Es sei denn, man ändert seine Meinung und ist gezwungen, alles neu zu formulieren. Manchmal verliebt man sich so sehr in seine Idee, dass es unmöglich ist, von ihr abzulassen, und das auf Kosten der Wahrheit. Diese Tendenz, alles zu erklären und in eine Schublade zu stecken, sollten Sie vermeiden, wenn es um Esoterik geht.

BB. Können Sie einige Beispiele nennen?

ALF. Natürlich ist es das! Ich spreche von der modernen Tendenz, das, was nicht verstanden wird, in ausgeklügelte begriffliche Kategorien (vor allem historische, soziologische und psychologische) zu pressen, die in Wirklichkeit nicht nur nichts erklären, sondern manchmal sogar grotesk sind. Denken Sie an Umberto Ecos Foucaultsches *Pendel* (1988). Es ist ein Roman, richtig, aber es gibt eine neckische und entmystifizierende Absicht gegenüber der Esoterik, die unter anderem mit den modernen „Verschwörungstheorien" verwechselt wird. Natürlich konnte Eco sehr gut zwischen echter und falscher Esoterik unterscheiden (in diesem Sinne war er ein Experte) und es ist auch wahrscheinlich, dass sein Buch uns wirklich helfen wollte, das eine vom anderen zu unterscheiden, aber der Eindruck, den der nicht-experte Leser hat, ist ein ganz anderer, Sie schlagen die letzte Seite des Buches zu und denken: „Also, das war ein Witz!".

BB. Ein weiteres Beispiel?

ALF. Dies ist der Fall bei Antoine Faivre (1934-1921), der auch große Verdienste um die „formale" Esoterik hat. Unter anderem war er in gewisser Weise selbst ein „Esoteriker", ein christlicher Esoteriker und ein Freimaurer (Mitglied der Großen Nationalen Loge von Frankreich). Nun, in seinen Studien gab Faivre der Esoterik eine einzigartige Interpretation, indem er bestimmten Schemata zustimmte und andere kritisierte. Bekannt sind z.B. seine Kritik an René Guénon oder seine Sympathie für den estnisch-russischen Esoteriker Valentin

Tomberg . In jedem Fall wäre es ein Fehler, alle Formen der Esoterik in einem einzigen Kessel zu vereinen. Okkultismus, Esoterik und Magie sind Gott sei Dank nicht das Gleiche und es wäre ein großer Fehler, sie als solche zu bezeichnen.

BB. Das ist eine Klarstellung, mit der ich einverstanden bin. Aber zurück zur Frage der Verbindung zwischen Esoterik und Religion?

## *Esoterischer oder religiöser Weg?*

ALF. (lacht) In der Tat war es fast ein Exkurs, aber letztendlich passt alles zusammen, da ich einerseits eine gewisse Diskontinuität hervorheben möchte, wie es Historiker und Soziologen tun sollten, und andererseits auch die gemeinsamen Elemente hervorheben möchte, wie es diejenigen tun, die ihre Spiritualität nicht verbergen müssen.

Es ist wahr, dass es zwischen Religion und Esoterik einen Unterschied und eine Distanz geben sollte: Religion ist für alle, während Esoterik für einige wenige ist. Dies ist zweifellos richtig. Das Problem ist jedoch, ob es möglich ist, von einem zum anderen zu gelangen, oder ob die beiden Wege zusammenlaufen oder sich sogar überlagern können. Nach dem größten Esoteriker des 20. Jahrhunderts, René Guénon (1886-1951), den ich, wie Sie wissen, sehr schätze, sind Exoterik (Religion) und Esoterik (Urtradition) zwei sich ergänzende, aber wesentlich verschiedene Wege. Es ist jedoch wahr, dass die Esoterik das entwickelt und vervollständigt, was die Religion vielleicht in einer vagen oder vereinfachten Form enthüllt.

BB. Und stimmen Sie mit dieser von Guénon gemachten Opposition zwischen Exoterik und Esoterik überein?

ALF. Zum Teil, ja. Ich sage nur teilweise, weil diese Aussage tatsächlich auf einige Religionen zutreffen kann - ich denke insbesondere an den Islam und das Judentum -, aber in einem absoluten Sinne nur auf diese (wir werden darauf zurückkommen, wenn wir die verschiedenen Esoteriken in den verschiedenen Religionen besprechen) und sicherlich nicht auf das Christentum, das diese Unterscheidung nicht in Betracht gezogen zu haben scheint, auch wenn nicht alle Gelehrten damit einverstanden sind. Wie Sie wissen, gibt es seriöse Wissenschaftler, die glauben, dass es eine christliche Esoterik gab, und ebenso seriöse Wissenschaftler, die genau das Gegenteil behaupten. Und dann gibt es noch andere, die eine Zwischenposition einnehmen. Es ist schwer zu verstehen, aber man kann es versuchen!

BB. Wir können darauf zurückkommen, wenn wir uns mit dem Thema der christlichen Esoterik befassen, aber bleiben wir für den Moment bei der Beziehung zwischen Religion und Esoterik...

ALF. Natürlich! Um die Art der Beziehung zwischen Religion und Esoterik zu verstehen, müssen wir zuerst versuchen zu verstehen, was Religion ist. Religion setzt in erster Linie Glauben voraus (was ich glaube), während Esoterik in erster Linie Wissen voraussetzt (was es zu wissen gibt und was verschleiert ist). Dies wäre jedoch eine oberflächliche Betrachtungsweise, denn in Wirklichkeit ist wahrer Glaube kein Glaube und Wissen ist nicht einfach das, was man weiß.

BB. Dies ist sicherlich ein Missverständnis, über das sogar die „Religionswissenschaften" gestolpert sind. Ich denke zum Beispiel an Mircea Eliades berühmte „Geschichte des Glaubens und der religiösen Ideen". Eine Sprache, die eine Matrix der Aufklärung verrät.

ALF. Ich stimme Ihnen vollkommen zu! „Mehr als je zuvor erscheint alles einfach und hell, vielleicht zu einfach und zu hell", hieß es nach dem Erscheinen des ersten Bandes[8]. Ich

[8] Jean-Paul Roux , „M. Eliade, Histoire des croyances et des idées religieuses" (Geschichte der religiösen Überzeugungen und Ideen), Band I. *in Revue de l'histoire des religions*, Band 193, Nr. 2, 1978, S. 226-227.

würde hinzufügen, dass die Christen selbst, wenn sie mit diesen Worten argumentieren, schließlich zugeben würden, dass ihr Glaube eine Absurdität ist. Dies ist das Missverständnis von Tertullian : *credo quia* absurdum („Ich glaube, weil es absurd ist")[9], das er in polemischer Weise gegen die Doketen äußerte, um dann genau das Gegenteil zu sagen: dass nämlich der Glaube der Apostel keineswegs ein unbegründeter Unsinn war, sondern etwas, das auf sehr konkreten und realen Ereignissen beruhte, deren Zeugen sie gewesen waren. Ähnliches könnte man über die Esoterik sagen. Wenn die Esoterik nur ein Wissen wäre, dann könnte sie auf die gleiche Art und Weise wie jedes andere Schul- oder Universitätsfach erlernt werden.

BB. Dies ist bei den historisch-kritischen Ansätzen der Fakultäten durchaus der Fall, aber deshalb sprechen Sie von Esoterik nicht als Wissen, sondern als Weg.

ALF. Das ist richtig! Aber Religion ist auch ein Weg, ein Weg, der den Glauben erfordert. Und was ist der Glaube? Absolute Überzeugung von der Wahrhaftigkeit und Richtigkeit einer Hypothese? zweifellos, aber sekundär und als Folge der Haupttatsache. Die wichtigste Tatsache ist, dass der Glaube die Gnade voraussetzt. In den Evangelien und, wenn ich mich nicht irre, auch in der Apostelgeschichte wird klar gesagt, dass der Glaube an Christus eine der Auswirkungen der Gnade Gottes ist, Sein Geschenk[10]. Wir glauben also als Folge einer spirituellen Tatsache. In ähnlicher Weise würde ich sagen, dass die

---

[9] *Credibile est quia ineptum est. Et sepultus resurrexit; certum est quia impossibile* (Man muss daran glauben, da es absurd ist. Er wurde begraben, er ist auferstanden: das ist sicher, da es unmöglich ist); Apokryphen, *De Carne Christi*, 5,5 (Übersetzung von J.-P. Mahé, *La chair du Christ* , Paris: Cerf, 1975).

[10] „Als er nach Achaia reisen wollte, ermutigten ihn die Brüder und schrieben den Jüngern, ihn aufzunehmen. Als er dort ankam, war er denen, die *durch die Gnade Gottes* gläubig geworden waren, eine große Hilfe; denn mit großer Kraft widerlegte er öffentlich die Juden und bewies durch die Schriften, dass Jesus der Christus ist" (Apg XVIII,27).

Grundlage der Esoterik sozusagen eine spirituelle Tatsache ist. Vielleicht ist die "spirituelle Tatsache" die gleiche, aber die Menschen, die sie leben oder empfangen, sind unterschiedlich.

BB. In welchem Sinne „anders"?

ALF. Ich meine mit einer anderen Geisteshaltung und einer anderen Berufung. Es sollte daher nicht zu einer Frage der Überlegenheit oder, schlimmer noch, des Strebens nach Überlegenheit gemacht werden. Meiner Meinung nach gibt es keine privilegierten Menschen. Privilegien gehören einfach zu den günstigen Bedingungen, unter denen eine Person lebt. *Wir sind alle Bettler*. Es gibt den Weisen und es gibt den Narren, aber die Situation kann sich immer umkehren und das zeigt, dass wir von einer gemeinsamen Basis ausgehen.

### *Esoterik und Gnade*

BB. Wollen Sie damit sagen, dass, während einige die Gnade einer Offenbarung genießen und eine religiöse Konfession annehmen, andere, die eine andere Gnade genießen, sich in die Esoterik vertiefen werden?

ALF. In Wirklichkeit wissen wir nicht genau, ob es sich um eine Gnade "anderer Art" oder um eine besondere Gnade handelt, die von den Theologen als „heiligmachende Gnade" bezeichnet wird, oder ob es sich eher um dieselbe Gnade mit unterschiedlichen Ergebnissen handelt, die auf die unterschiedlichen Verdienste des Empfängers zurückzuführen sind. Die Lateiner sagten „*cuique suum*", „jedem das Seine"[11] und das Alte Testament spricht von denen, die „Gnade vor Gott gefunden haben": Noah, Moses, David, etc.[12] Aber lassen Sie uns klarstellen, dass „Gnade" im Sinne des Christentums nichts Automatisches ist: Einige Menschen scheinen davon begünstigt zu

---

[11] Abgeleitet von „*suum cuique tribuere*" aus der römischen Gesetzgebung mit der Bedeutung „jedem das geben, was ihm zusteht".

[12] Noah : Genesis 6, 8; Moses : Exodus 33, 12-17; David : 2. Samuel 15, 25.

sein, während andere nicht begünstigt sind. Hier betreten wir jedoch eine wirklich mysteriöse Dynamik, über die wir nicht viel sagen können.

BB. Kann man wirklich von einer „heiligenden Gnade" sprechen, die denjenigen gewährt wird, die eine esoterische Berufung haben?

ALF. Der Diskurs über die Gnade aus theologischer Sicht ist, wie Sie wissen, sehr komplex. Tausende von Seiten wurden zu diesem Thema geschrieben und man kann es nicht in ein paar Worten zusammenfassen. Unter anderem möchte ich es vermeiden, Hypothesen zu riskieren oder das Lehramt Dinge sagen zu lassen, die es nie gesagt hat oder nie sagen wird.

### *Esoterische Sprache, religiöse Sprache*

BB. Das ist weise, aber da wir über die Beziehung zwischen Religion und Esoterik sprechen, gibt es da nicht einige Parallelen, die man ziehen könnte, um die Begriffe der Frage zu klären?

ALF. Das ist möglich! Wir müssen also damit beginnen, zu sagen, dass die Esoterik eine andere Sprache spricht als die Religion. Ich weiß nicht, ob es einen Text auf Französisch gibt, der die esoterische Terminologie enthält. Wenn es ihn nicht gibt, denke ich, dass er geschrieben werden sollte und eine Sammlung der wichtigsten Begriffe der Esoterik enthalten sollte.

BB. Seit kurzem: 2013 gibt es ein großes französisches Wörterbuch, das die Esoterik von den Aborigines Australiens bis zum alten Skandinavien, von den Kelten bis zum pharaonischen Ägypten, vom frühen Christentum bis zum keilförmigen Mesopotamien, von Mesoamerika bis zum Judentum, vom Islam bis zu Indien… abdeckt.[13]

---

[13] Jean Servier (Hrsg.), *Dictionnaire de l'ésotérisme*, Paris: PUF, 2013, 1464 S.

ALF. In Italien wurde ein solches Werk von dem christlichen Hermetiker Paolo Virio (geb. Paolo Marchetti, 1910-1969) unter dem Titel *Lessico esoterico comparativo* [*Vergleichendes esoterisches* Lexikon][14], der heute nicht mehr auffindbar ist, skizziert. Es war jedoch nur ein erster fragmentarischer Entwurf, nichts, was mit einem echten Lexikon vergleichbar wäre.

BB. Welche Rolle sehen Sie in einem solchen Wörterbuch?

ALF. Schon um die vielen Missverständnisse zu vermeiden, die entstehen, wenn man über Esoterik spricht. Präzise und gemeinsame Definitionen - soweit möglich - hätten viele Fehlinterpretationen und Missverständnisse selbst unter den gebildetsten Forschern verhindern können. Die Nützlichkeit eines solchen Buches, um nur ein Beispiel zu nennen, wurde von vielen Lesern von Eco'*s Foucault*'s *Pendulum* erkannt und bejubelt und einige Jahre nach dem Erfolg des Buches wurde es tatsächlich von jemandem geschrieben[15]. Aber eine solche Arbeit, die nach allen Regeln der Kunst durchgeführt wird, würde in der Tat viele Fähigkeiten erfordern, vielleicht zu viele, und ich vermute, dass es noch einige Jahre dauern wird, bis wir eine solche Arbeit sehen werden. Vielleicht wird die KI ihn schreiben, wer weiß! (lacht!).

## *Gnade und initiatische Übertragung*

BB. Lassen Sie uns, wenn Sie möchten, ein Beispiel für den Vergleich zwischen religiöser und esoterischer Sprache geben. Denken Sie, dass es ein esoterisches Konzept gibt, das mit dem Konzept der „Gnade“ vergleichbar ist?

ALF. In Analogie dazu würde ich der Gnade die eigentliche Initiationsübertragung gegenüberstellen, d.h. die

[14] Rom: Sophia Publishing, 1971.

[15] Luigi Bauco , Francesco Millocca , *Dizionario del pendolo di Foucault*, a cura di Luciano Turrini (Hrsg.); Ferrara: Gabriele Corbo Editore, 1989.

Übertragung des spirituellen Einflusses, der, um mit den Worten Guénons zu sprechen, „dem Individuum ermöglicht, die Möglichkeiten, die es mit sich bringt, zu ordnen und zu entwickeln".[16]

B.B. Aber diese wird durch eine Initiationskette und durch Männer, die mit dieser Aufgabe betraut sind, weitergegeben, während im Christentum die Gnade ein kostenloses Geschenk Gottes ist, das durch den Heiligen Geist in die Seele des Menschen eingeflößt wird. Wie kann es eine ähnliche Beziehung geben?

ALF. Sie liegt in der menschlichen Vermittlung, wie im Falle der sieben Sakramente, die von menschlichen Vermittlern gegeben werden. In diesem Fall spricht man genau genommen von „sakramentaler Gnade". Die Art der Vermittlung ändert sich und die „Vermittler" sind unterschiedlich: geweihte Männer im Falle der Religion, spirituelle Meister im Falle der Esoterik.

BB. Gewiss, und auch die kirchliche Tradition und die Evangelien (nach S. Matthäus , S. Markus , S. Lukas und S. Johannes ) sind in der Tat menschliche Vermittler, aber die wahre Gnade, die Gnade des Glaubens, ist doch ohne menschliche Vermittler, oder nicht?

ALF. Natürlich hat der Glaube als „innere Gnade" und in seiner übernatürlichen Natur keine Vermittler – außer vielleicht sakramentale Einweihungen – und sicherlich muss ein Esoteriker, unabhängig von der Einweihung durch einen spirituellen Meister, auch über diesen Glauben verfügen. Ich würde sogar hinzufügen, dass die Gnade des Glaubens bei einem Esoteriker überreichlich vorhanden sein muss.

BB. Möchten Sie noch etwas zur Unterscheidung zwischen Religion und Esoterik sagen?

---

[16] *Aperçus sur l'Initiation*, Paris: Éditions Traditionnelles, 1946, S. 22.

*Religiöse Esoterik, esoterische Religion*

ALF. Im Allgemeinen würde ich sagen, dass alles, was einen religiösen Charakter hat, in gewisser Weise in die Esoterik fällt und dass alles, was einen esoterischen Charakter hat, in die Religion fällt. Schließlich ist es die Beziehung des Menschen zum Heiligen oder zu Gott oder zum Transzendenten, über die wir sprechen. Nur dass es sich im Falle der Religion um eine Beziehung der Treue, Hingabe, Anbetung und Verehrung handelt, während es im Falle der Esoterik um etwas noch Intimeres und, wie ich sagen würde, Tieferes geht, das mit der potentiellen Entwicklung aller latenten Möglichkeiten des Menschen zu tun hat. Möglichkeiten und Potentiale, die das Physische, Psychische und Spirituelle vereinen. Die Religion schließt sie nicht aus (ich denke z.B. an die Erfüllung der sogenannten Perfektions- oder Kardinaltugenden, die auch mit der Disziplin des Körpers und des Geistes zu tun haben), sondern empfiehlt sie als *Habitus*, *ad extra*, wo die Esoterik sie sozusagen von innen heraus, *ab intra*, erhält, d.h. vervollständigt.

BB. Sie meinen also, dass man sich in der Religion in Begriffen der Äußerlichkeit ausdrückt, während man sich in der Esoterik in Begriffen der Innerlichkeit ausdrückt?

ALF. Nun ja, in gewissem Sinne ist das wahr und ich würde sogar sagen, dass es völlig klar ist. Sonst würde man nicht von einer „Moral des Gehorsams", einer „Sexualmoral" oder einer "Moral der Tugenden" sprechen und die Christen würden die christliche Vollkommenheit nicht mit der Moral oder mit der Moral der Diener und Sklaven verwechseln, wie Nietzsche es interpretiert . Diese Verwirrungen und verzerrenden Vereinfachungen finden sich nicht in der Esoterik, die in vielerlei Hinsicht auch eine strengere Sprache aufweist.

BB. Wir sprechen immer noch von echter Esoterik, nicht wahr?

ALF. Natürlich ist es das! Die „falsche" Sprache ist sehr verwirrend.

BB. Wie würden Sie also dieses Interview über die Beziehung zwischen Religion und Esoterik beenden?

ALF. Abschließend möchte ich sagen, dass Religion und Esoterik nicht nur voneinander abhängig sind, sondern sich gegenseitig ergänzen und notwendig sind, und dass sie in der Tat nicht getrennt voneinander existieren können. Und ich möchte hinzufügen, dass die Mittel unterschiedlich sein können, aber das Ziel einzigartig ist. Meiner Meinung nach kann das Ziel nur das gleiche sein, auch wenn die Mittel, um es zu erreichen, für jeden von uns unterschiedlich sein können und unsere individuellen Bestrebungen und Möglichkeiten sich so sehr voneinander unterscheiden. Vielleicht mag ein Esoteriker denken, dass das Paradies „noch ein Gefängnis ist" (wie einige Sufis sagten) und ein Gläubiger („Exoteriker"), dass es ein zu ehrgeiziges Ziel ist, aber letztendlich kennen beide nicht den Ausgang der Reise, die transzendent ist und daher jenseits aller persönlichen Vorstellungen und Überzeugungen liegt. Ich möchte hier nur an die evangelische Maxime erinnern: „Selig sind die Letzten, denn sie werden die Ersten sein"[17]. Dies bedeutet unter anderem auch, dass im Jenseits die Hierarchien umgekehrt sind.[18]

BB. Kann man also sagen, dass "einfache" gläubige Menschen im Jenseits ein besseres oder höheres Schicksal haben können als die Mitglieder von Initiationsorganisationen?

ALF. Es ist sicherlich möglich, aber wer kann das schon mit Sicherheit sagen? Ich würde jedoch denjenigen mit esoterischen Ambitionen vorschlagen, nicht zu sehr mit der Idee des „Weltmeisters" zu spielen, oder besser, um eine Fußballmetapher zu verwenden, sich bedeckt zu halten und am unteren Ende der Tabelle zu bleiben.

---

[17] Mt 20, 1.

[18] Siehe Bruno Bérard, Aldo La Fata, *Paroles chrétiennes, contresens et vérités (Christliche Worte, Widersprüche und Wahrheiten)*, erscheint im April 2025, L'Harmattan.

# Kapitel III

# Esoterische Biographie

*Das Interesse an Esoterik ist nicht nur eine intellektuelle Neugier. Esoterik ist „transformierendes Wissen" und erfordert einen persönlichen Ansatz, der im Leben desjenigen, der sie verfolgt, verankert ist. Man kann Heidegger paraphrasieren: „Jede esoterische Frage impliziert den Esoteriker, der sie stellt". Daher war es notwendig, Aldo La Fata nach dem persönlichsten und intimsten Ursprung seines Interesses an diesen Bereichen zu fragen.*

BB. Ihr Interesse an der Esoterik ist zwangsläufig in Ihrem Leben verwurzelt? Können Sie ein paar Worte dazu sagen?

ALF. Ich würde es vorziehen, nicht über mich zu sprechen, aber ich verstehe, dass dies zum Zweck dieses Buches beiträgt und eine Anstrengung wert ist.

BB. Ja, ich denke, das kann vielen Lesern helfen, da es dem Thema eine persönliche Note verleiht. Seit wann interessieren Sie sich für Esoterik?

## *Julius Evola*

ALF. Jetzt bin ich 60 Jahre alt, und die Erinnerung an diesen Moment geht in der Nacht der Zeit verloren! (lacht). Im Ernst, ich verdanke meine Entdeckung der Esoterik einigen Büchern von Julius Evola (1898-1974), die ich in der Bibliothek meines Vaters fand. Ich war etwa 12 Jahre alt, aber bereits wissensdurstig. Ich erinnere mich, dass mich die Bücher von Evola nicht nur wegen ihres Inhalts – zumindest ungewohnt und ungewöhnlich – beeindruckten, sondern auch wegen des Schreibstils, den ich wirklich liebenswert fand. Denken Sie nur, dass ich nach der Lektüre *von Sintesi di dottrina della razza* (1941, *Synthese der Rassenlehre*) und *Il mito del sangue* (1941, „*Der Mythos des Blutes*") meinem Vater sagte, dass ich diesen Autor für intelligenter und tiefgründiger als Jesus halte (Lachen).

BB. Ich kann mir die Verwirrung Ihres Vaters vorstellen!

***Ein Vater, Direktor der Katholischen Aktion und Franziskanertertiär***

ALF. Das ist eine Untertreibung! (lacht). Er war so verblüfft, dass er von da an anfing, mir Bücher über Katechese und christliche Theologie zu geben. Man muss wissen, dass mein Vater zu dieser Zeit Direktor der Katholischen Aktion[19] und Franziskanertertiär war. Er war daher auch zu Hause sehr engagiert, seinen Kindern eine so christliche religiöse Erziehung wie möglich zu geben. Er muss gute Arbeit mit mir geleistet haben, da ich in der Tat, als ich erwachsen wurde, immer fest im Christentum verwurzelt blieb. Evola hat jedoch meinen Horizont stark erweitert und mir geholfen, meine Religion auf eine unkonventionelle Art und Weise zu betrachten und andere als meine eigene zu respektieren.

BB. Und wann kommt Esoterik ins Spiel?

***René Guénon***

ALF. Die Esoterik kam in den siebziger Jahren tatsächlich durch das Werk von René Guénon ins Spiel, den ich

---

[19] Die Ursprünge der Katholischen Aktion gehen auf den September 1867 zurück, als zwei junge italienische Akademiker, Mario Fani und Giovanni Acquaderni , in Bologna die *Società della Gioventù Cattolica Italiana* gründeten, deren Grundprinzipien Gehorsam gegenüber dem Papst, ein Bildungsprojekt auf der Grundlage des Studiums der Religion, ein Leben nach christlichen Prinzipien und eine tiefe Verpflichtung zur Nächstenliebe gegenüber den Schwachen und Armen waren.

durch Evola kennenlernte: Er zitierte ihn häufig und immer mit Ehrfurcht, als wäre er jemand, der mehr wusste und verstand als er.

BB. Ich nehme an, Sie haben Bücher von Guénon gelesen ?

ALF. Tatsächlich wurde *Symboles de la Science sacrée* (posthume Sammlung, Gallimard, 1962) 1975 auf Italienisch veröffentlicht (Verlag *Il ramo d'oro*) und ich kaufte es, als ich 16 Jahre alt war. Es war ein echter Schock! Ich erinnere mich an zwei Nächte hintereinander, in denen ich mich wach hielt, um das Buch zu Ende zu lesen.

BB. Was hat Sie bei dieser Lektüre am meisten beeindruckt?

ALF. Die Vielzahl der Bedeutungen, die in einem Symbol enthalten sind, und die Verbindung zwischen den Symbolen aller Religionen haben in mir die Idee eines einheitlichen und universellen göttlichen Plans und Designs verstärkt.

BB. Was ist mit Esoterik an sich?

ALF. Bevor ich das Problem der „esoterischen Organisationen“ aufwarf, war es die Idee der Esoterik als ein System der Verbindung aller Traditionen, die sich mir aufdrängte. Als ich die anderen Werke von Guénon las, die ich später, vielleicht im Alter von 22 oder 23 Jahren, fertigstellte, kam mir die Idee der Esoterik als etwas, das sich absolut von der Religion unterscheidet, auch wenn letztere unverzichtbar bleibt. Kurz gesagt, ich habe mich intellektuell an das „Schema“ von Guénon gehalten, das ich überzeugend, logisch und wahr fand.

BB. Das blieb nicht ohne Folgen, oder?

### *Römische esoterische Kreise*

ALF. Der erste war, dass ich das Bedürfnis hatte, eine „regelmäßige“ Initiation zu erhalten. Ich begann, in einigen römischen „esoterischen“ Kreisen zu verkehren (insbesondere

Neo-Templer und Rosenkreuzer), bis ich auf eine einzigartige Persönlichkeit stieß, die in der Szene als „der Doktor" bekannt war[20]. Er war ein sehr gebildeter Mann und ein anerkannter Spezialist für Parapsychologie, der zu der Zeit von der Kirche beauftragt worden war, die katholische Mystikerin Maria Valtorta zu studieren[21]. Ich war von diesem Mann fasziniert, von seinem Charakter, seinem immensen Wissen und seiner überzeugenden und raffinierten Rede. Er war eine Art Sokrates, der sich nur für die Wahrheit interessierte und dessen Antworten immer bereit waren.

BB. Ich verstehe, dass Sie das fasziniert hat…

ALF. Ja, das war es. Ich dachte, er sei der Meister, der mir die ersehnte Einweihung geben würde.[22] Ich muss sagen, dass diese Nachricht mehr als nur ein wenig Verwirrung in mir auslöste, vor allem, weil dieser Autor den Ruf eines Magiers hatte, während ich bereits die Idee einer Esoterik, die mit der katholischen Religion verbunden ist, in mir verfestigt hatte.

BB. Und wie endete es?

ALF. Nach einer Reihe von Ereignissen, an die ich mich nur ungern erinnere, habe ich mich schließlich von diesem Herrn entfernt. Aber um es klar zu sagen: Was ich von ihm

---

[20] Diese Bezeichnung wurde von seinen Schülern auch dem Gründer der Anthroposophie, Rudolf Steiner, gegeben (1861-1925).

[21] Caserta, 14. März 1897 – Viareggio, 12. Oktober 1961. Valtorta sagt, dass sie eine „Stimme" gehört hat, die sie Jesus zuschreibt und die sie wie unter einem Diktat zum Schreiben veranlasste. Die Texte wurden nun in dem zehnbändigen Werk *L'Evangelo come mi è stato rivelato* („Das Evangelium, wie es mir offenbart wurde", Centro Editoriale Valtortiano, 1979) zusammengefasst. Seine Schriften wurden auf den Index gesetzt (1959) und Kardinal Joseph Ratzinger (als Präfekt der Kongregation für die Glaubenslehre) bestätigte zweimal die negative Meinung des Lehramtes (1985, 1988).

[22] Geboren als Ciro Formisano (Portici, 8. April 1861 - Beausoleil, 7. Mai 1930).

gelernt habe und was er mir auch menschlich gegeben hat, habe ich nie vergessen und hat sicherlich eine zentrale Rolle in meinem Leben gespielt, zum Guten oder zum Schlechten! Zum Guten, weil er mir geholfen hat, mich selbst in jeder Hinsicht besser zu kennen; zum Schlechten, weil er mich eine Zeit lang von meiner Familie entfremdete und meine menschlichen Beziehungen etwas durcheinander brachte.

BB. Ihre Erfahrung mit Esoterik war also nicht so positiv.

ALF. Ja, aber nur in Bezug auf falsche oder pseudo-esoterische Dinge, denn das Wahre ist etwas ganz anderes. Durch diese Erfahrung knüpfte ich Verbindungen zu einigen "antitraditionellen" Kreisen, um es mit Guénon zu sagen , aber ich war 24 Jahre alt!

BB. Was geschah dann?

### *Silvano Panunzio*

ALF. Als sich die „magisch-esoterische" Klammer schloss, wurde ich auf die Bücher eines gewissen Silvano Panunzio[23] aufmerksam. In evolianischen Kreisen wurde er als qualifizierter und gelehrter christlicher Esoteriker bezeichnet. Ich suchte einfach seine Telefonnummer im Telefonbuch und fand sie problemlos; damals gab es noch keine *Chats*, soziale Netzwerke oder die vielen verschiedenen Kommunikationsmöglichkeiten über das Internet, die wir heute kennen. Ich zögerte nicht, ihn anzurufen und ich muss sagen, dass er mich mit seiner exquisiten Freundlichkeit sofort für sich einnahm.

---

[23] Panunzio wurde am 16. Mai 1918 in Ferrara geboren und starb am 10. Juni 2010 in Pescara. Er war der Sohn des berühmten Rechtsphilosophen und Theoretikers des revolutionären Syndikalismus Sergio Panunzio . Er hat zahlreiche Bücher geschrieben, von denen einige ins Französische übersetzt wurden und nun im Katalog von L'Harmattan zu finden sind: *Métaphysique de l'Evangile éternel* (*Metaphysik des ewigen Evangeliums*) (2022) und *Propos sur René Guénon , Julius Evola, Frithjof Schuon et quelques autres. Articles et correspondence* (2023).

Er war katholisch und kannte sich mit der „esoterischen" Literatur sehr gut aus. Wichtig ist, dass er sich nicht als Lehrer ausgab und tatsächlich war er eher schüchtern.

BB. Würden Sie sagen, dass er nur ein Student esoterischer Dinge war oder ein „echter Esoteriker"?

ALF. Ich würde sagen, beides zusammen. Er war ein Wissenschaftler und Gelehrter, aber ohne die für dieses Milieu typische pedantische Attitüde. Er fühlte sich den anderen nicht überlegen, war aber sehr entschlossen und konzentrierte sich voll und ganz auf sein Ziel.

BB. Was war es?

ALF. Ich würde sagen: die Suche nach Gott oder dem Absoluten. Alle seine geistigen und spirituellen Energien wurden in diese Richtung gelenkt.

BB. Ohne auf das Thema der christlichen Esoterik einzugehen, dass wir in einem späteren Interview behandeln werden, könnten Sie bitte erläutern, in welchem Sinne Panunzio als „christlicher Esoteriker" betrachtet werden kann?

ALF. Ich würde sagen, sowohl im allgemeinen Sinne eines christlichen Studenten der esoterischen Lehren als auch im besonderen Sinne eines Christen, der von diesen Lehren durchdrungen war. Das heißt, ich spreche von einer nicht nur intellektuellen, sondern auch spirituellen Suche, die sowohl das Studium anderer Religionen (die Suche nach *semina Verbi*: Samen des Wortes außerhalb des Christentums), das ständige Nachdenken über universale Symbole und die - nicht nur spekulative - Suche nach einem Verständnis der Geheimnisse der Natur und des Kosmos umfasste.

BB. Wissen Sie, ob Panunzio mit einer „esoterischen" Organisation verbunden war?

## *L'Alleanza Trascendente Michele Arcangelo*

ALF. Ich denke nicht, dass dies der Fall ist, obwohl ich dies nicht mit absoluter Sicherheit sagen kann. Tatsächlich hat er mir nie davon erzählt. Offiziell war er Ritter des Ordens der Heiligen Mauritius und Lazarus und hatte zusammen mit anderen eine esoterische Bruderschaft unter dem Namen *Alleanza Trascendente Michele Arcangelo* (Transzendente Allianz Erzengel Michael ) gegründet.

BB. Waren Sie?

ALF. Natürlich!

BB. Was war das?

ALF. Es war eine Art neuer Ritterorden, der sich an den höchsten Idealen der alten Ritterorden des mittelalterlichen Christentums orientierte. Vereinfacht gesagt, eine Art Neo-Templerismus, jedoch ohne Mantel und Dolch, ohne Zeremonien und ohne jede Art von äußerem Prunk. Das Akronym ATMA wurde bewusst aus dem Sanskritwort *atma* abgeleitet, das für das spirituelle und transzendente Selbst steht. Der Sinn dieser kleinen Organisation, die nie mehr als ein Dutzend Mitglieder hatte (eine esoterisch nicht zufällige Zahl), sollte darin bestehen, Christen, die eine Einführung in die Esoterik suchten, eine gute Alternative zu den vielen falschen Einweihungen zu bieten, die hauptsächlich von Okkultisten angeboten wurden.

BB. An welche Organisationen denken Sie besonders?

ALF. Der Martinismus, die Neo-Rosenkreuzer, die Anthropo-Sophie, aber auch andere, weniger bekannte Organisationen, die angebliche Verbindungen zur Alchemie, zur christlichen Hermetik, zu den Templern usw. geltend machen, werden von der ALF als eine der wenigen Organisationen angesehen, die eine Verbindung zur Alchemie haben.

BB. Wurden in der ATMA Einführungen gegeben?

ALF. Nein, nein, bitte! (lacht). Panunzio war eine ernsthafte Person! (lacht). Diejenigen, die der ATMA beitraten, hatten nur wenige Pflichten zu erfüllen, von denen die erste darin bestand, der Kirche und ihren Lehren stets treu zu bleiben. Das Hauptziel bestand darin, eine transzendente und aristokratische Auffassung des Lebens zu personifizieren, zu bewahren und zu verteidigen und eine heilige und symbolische Dimension im Bereich des Wissens zu entwickeln.

BB. Es war also in erster Linie eine Bildungsarbeit?

ALF. Ich würde sagen: Ja! Die Bildungsarbeit war sowohl intellektuell als auch moralisch, doktrinär und spirituell. Die Mitgliedschaft in der Allianz beinhaltete die Einhaltung von fünf „Grundregeln“: Gebet, Fleiß, Studium, Disziplin und Opfer.

BB. Das Gebet ist sehr klar, aber können Sie Beispiele für die anderen vier Bestimmungen geben?

ALF. Fleiß bedeutete vor allem, nie untätig zu sein, dynamisch zu sein und sein Leben so zu organisieren, dass es nie zu viele „leere Räume“ gab. Kurz gesagt, das Leben sollte wie das eines Mönchs organisiert sein, wobei sich Studium, Arbeit, Sport und Gebet abwechseln sollten.

BB. Keine Freizeit?

ALF. Kurz gesagt, alles, was der Seele Erleichterung verschafft und den Geist entspannt.

Das Studium sollte die „heiligen Wissenschaften“ (Theologie, Mystik, Metaphysik, Symbolik, Spiritualität) und die „sanften Künste“ (Literatur, Film, Musik, Malerei) umfassen, um auch ein gewisses Gleichgewicht des Wissens zu entwickeln. Kurz gesagt, es sollte keine Lücken in der intellektuellen Ausbildung oder eine Form des Monoideismus geben.

BB. In welche Richtung?

ALF. In dem Sinne, dass man sich nicht zu sehr auf eine Idee konzentrieren sollte, selbst wenn es eine spirituelle Idee ist, sondern den Geist darauf trainieren sollte, elastisch zu sein und alles so weit wie möglich ohne Fanatismus oder Fixierung zu verstehen.

BB. Wir verstehen, warum. Und was war mit „Disziplin“ gemeint?

ALF. Es war einerseits die Treue zu den Prinzipien der Allianz und andererseits der Gehorsam gegenüber den Stimmen der Seele oder des Gewissens, oder besser gesagt unseres „geistigen Wächters" (Schutzengel), der uns, wenn wir mit der richtigen inneren Einstellung zuhören können, immer zu einer gerechten und tugendhaften Handlung führt.

Das Opfer schließlich ist der schwierigste Teil, der darin besteht, die Eitelkeiten der Welt und das Geschrei der Welt zugunsten des Zeugnisses der Wahrheit und der höchsten Liebe zu Christus aufzugeben.

BB. Eine sehr edle Observanz! Und gab es sonst noch etwas, was die Anhänger tun mussten?

## *Die heilige Höhle von Gargano*

ALF. Ja, eine besondere Verehrung des Erzengels Michael . Die Verpflichtung zur Einhaltung der fünf grundlegenden Bestimmungen sollte in Monte Sant'Angelo, Apulien, in der heiligen Höhle von Gargano, während einer „Waffenwache" eingegangen werden. Die Initiation wurde vom Erzengel selbst ohne menschliche Vermittlung gegeben. Lassen Sie uns jedoch klarstellen, dass eine solch charismatische Erfahrung nichts Phantastisches oder an Fantasy grenzende Erscheinungen von Engeln, Schwertern oder dem Heiligen Gral suggerieren sollte. Wir sprechen hier, in der etwas feierlichen Umgebung der Höhle, von einer intimen und nicht kommunizierbaren, aber absolut realen Erfahrung. Diese wurde vielleicht nicht systematisch überliefert, aber Panunzio hat sie persönlich erlebt. Und niemand auf der Welt kann die Richtigkeit dieser Erfahrung beurteilen, nicht einmal ich, der ich dabei war.

BB. Und ich natürlich noch weniger, aber es würde mich interessieren, ob diese Idee eine Grundlage in der esoterischen Literatur hat.

ALF. Ich würde sagen, es gibt mehr als eine, angefangen mit der sehr reichen Literatur über die Angelologie, die in allen Traditionen des Ostens und des Westens bestätigt wird. Guénon selbst, der mit diesen Dingen vertraut war, sprach von einer „archangelitischen Initiation", die nur bestimmten Einsiedlern und Inspirierten vorbehalten sei, aber absolut real und traditionell sei. Vielleicht kommen wir später darauf zurück.

BB. Möchten Sie zum Abschluss dieses Teils unseres Interviews noch etwas sagen?

ALF. Nein, vielleicht habe ich schon zu viel gesagt (lacht) und wir könnten es dabei belassen.

BB. Nur noch eine letzte Frage: Wie war der Weg von damals bis heute und wie weit sind Sie mit der Esoterik gekommen?

ALF. Das sind zwei Fragen (lacht)! Sagen wir, ich habe versucht, mein Leben nach den Prinzipien von ATMA zu gestalten und das ist auch heute noch der Fall. Panunzio sagte über mich, dass ich „treu und fest" (*fidus et firmus* auf Lateinisch) sei und in der Tat drücken diese beiden Adjektive meinen Charakter und meine Art zu sein gut aus: in meiner Seele bin ich ein Soldat, der niemals seine Wache verlassen würde. Ich hoffe nur, dass dies eine Tugend und kein Fehler ist (lacht). Die Esoterik ist in meiner Forschung und in meinem Lebenslauf immer da, sagen wir im Hintergrund. Schließlich hat mich die Esoterik gelehrt, zu unterscheiden, vertikale Wege zu öffnen und tief durchzuatmen. Und dann würde ich sagen, dass es auch ein intellektuelles Stimulans ist – und manchmal sogar eine Unterhaltung – dieses magmatische Material, aus dem man viele gute Dinge ziehen kann. Ich hoffe, dass ich dies in unseren weiteren Gesprächen zeigen kann.

# Kapitel IV

# Eine Geschichte der Esoterik

*Mit einer langen Geschichte, die bis zu den Anfängen der Menschheit zurückreicht, könnte man sagen, dass die Esoterik als solche ahistorisch ist. Allerdings hat die Esoterik zwischen den uralten Megalithismen und den modernen Gnostizismen in verschiedenen Epochen sehr unterschiedliche Formen angenommen, so dass man von einer Geschichte der Esoterik sprechen kann.*

BB. Kann man sagen, dass die Esoterik als solche ahistorisch ist? Es gibt jedoch Strömungen, die zu bestimmten Zeiten in der Geschichte auftauchten.

***Eine ahistorische Esoterik***

ALS. Esoterik als historische Entität gibt es nicht und hat es nie gegeben, aber eine Geschichte ihrer zahlreichen Ausdrucksformen, Formulierungen, Aktualisierungen und Anpassungen ist sicherlich möglich. Es ist jedoch mehr als eine Geschichte von Menschen oder vielmehr von Seelen, die die Möglichkeit realisiert haben, manchmal innerhalb eines religiösen und zivilen institutionellen Rahmens und manchmal außerhalb.

BB. Was bedeutet das?

ALF. Wenn wir von Esoterik sprechen, meinen wir eine „Kultur der Seele", die den Bedürfnissen des Menschen entspricht, sowohl spekulativen als auch spirituellen, aber ich würde sagen, vor allem spirituellen Bedürfnissen. Wir nennen „Esoterik" eine mögliche Antwort, eine von vielen, und daher nicht die einzige! Es gibt eine Vielzahl von Stimmen, die auf dieses Bedürfnisantworten und sie sind niemals alle gleich: einige sind unzusammenhängendes Gestammel, andere unvollendete Reden und wieder andere strenge Dialektik. Alles hängt von dem menschlichen Subjekt ab, das die Aussage macht. Im Bereich der Esoterik kann man sicherlich von Strömen oder eher Karstflüssen sprechen, aus denen hier und da und von Zeit zu Zeit Quellen entspringen. Man kann von der „Geschichte" dieser Quellen sprechen und nicht von dem Fluss, der sie hervorbrachte.

BB. Welchen Namen würden Sie diesem „unterirdischen Fluss", diesem „unterirdischen Fluss" geben?

ALF. Dieser feierliche und großartige „Fluss", der mit „kristallklarem" Wasser gefüllt ist, kann und darf nicht erwähnt werden, weil er, wie uns das esoterische Buch des Christentums schlechthin, die Apokalypse, erinnert, „vom Thron Gottes und des Lammes" (Offb. XXII, 1) entspringt.

BB. Das ist sehr rätselhaft (lacht)...

ALF. Ja, aber ich kann nicht über etwas Mysteriöses sprechen, wenn ich es des Mysteriums beraube, denn das würde bedeuten, es zu verzerren oder es zu etwas von geringem Interesse zu machen. Es ist jedoch kein Zufall, dass ich das Wasser und den „Thron" aus den Symbolen des jüdischen und christlichen Denkens ausgewählt habe. Sie sind die Symbole mit der stärksten metaphorischen Bedeutung und daher am besten geeignet, die Esoterik zu symbolisieren.

BB. Und wie?

ALF. Der Grund dafür ist, dass das eine für fließende und unfassbare Mobilität steht und das andere für Stabilität und Dauerhaftigkeit: „Der Thron der Könige von Israel steht fest vor dem HERRN in Ewigkeit" (Buch der Könige 1er, II, 45). Fließend und unveränderlich sind, paradoxerweise vielleicht, die beiden „inneren Qualitäten" der Esoterik.

BB. Das ist sehr überzeugend, aber lassen Sie uns zur „Geschichte" der Esoterik zurückkehren.

ALF. Ja, das ist die Schwierigkeit mit der Esoterik, die eine Art „*summa summarum*" (Summe aller Summen) ist, aber, deren Vielfalt sich auf jedes Thema und jede mögliche Ebene beziehen kann.

### *Esoterik, eine Geschichte von Menschen*

Ich sagte, dass Esoterik in erster Linie die Geschichte von Menschen ist, von besonderen Menschen mit einem kreativen und spirituellen Genie. Die Tatsache, dass diese historischen Persönlichkeiten zu Legenden geworden sind, ist ein gutes Beispiel dafür. Aber es spielt keine Rolle, ob es sich um verkörperte oder „kollektive" Persönlichkeiten handelt, wie Guénon sagte , denn es ist ihre Botschaft, die zählt, der Weg, den sie über die Jahrhunderte hinweg fast ununterbrochen aufgezeigt und weitergegeben haben, manchmal offen, meistens heimlich, durch das, was man zu Recht als „goldene Kette" bezeichnet hat.

BB. Es müssen also die Namen der Männer genannt werden, die diese „Geschichte der Männer" geschrieben haben?

### *Hauptväter: Hermes, Pythagoras, Moses, Manu, Orpheus*

ALF. In der Esoterik könnte man, fast wie im Christentum, von einer „großen Patristik" und einer „kleinen Patristik" sprechen. Die großen Väter der Esoterik waren zweifellos der mythische Hermes Trismegistos und der historische Pythagoras , vergleichbar mit den großen „moralischen Gesetzgebern": dem biblischen Moses und dem hinduistischen Manu. Der ägyptische Ursprung von Hermes wurde heute von einigen Gelehrten wie Martin Bernal[24] bestätigt, aber nicht alle sind damit einverstanden, während von Pythagoras

[24] 1937-2013. Gelehrter und Historiker des britischen Griechenlands.

(altgriechisch: *Pythagóras*[25] , VI. Jahrhundert v. Chr.) gesagt wird, dass er ein antiker griechischer Philosoph und Mathematiker war, der wirklich gelebt hat.

BB. Sind sie wirklich die „Großväter" der gesamten Esoterik?

ALF. *Orpheus* ist ebenfalls eine mythologische Figur, obwohl der große Religionshistoriker Mircea Eliade glaubte, dass er tatsächlich vor Homer existierte[26]. Wichtig ist nur, dass ihre Namen mit esoterischen Orientierungen und den archaischsten primitiven Initiationen verbunden sind.

BB. In welchem Sinne können diese Einweihungen als esoterisch bezeichnet werden?

ALF. Sie waren esoterisch in dem Sinne, dass ihre Praktiken auf kleine Gruppen beschränkt waren und einfachen Laien der Zugang zu ihnen verwehrt war. Diese extreme Vertraulichkeit ist eines der Merkmale dessen, was wir auch heute noch als „esoterisch" definieren wollen.

BB. Es gibt einen klaren praktischen und rituellen Aspekt dieser „Wege", aber was ist mit dem spekulativen Aspekt?

ALF. Ich würde den Begriff „Spekulationen" vermeiden und lieber von Doktrinen oder Wissen sprechen, damit diese Inhalte nicht als mehr oder weniger philosophische Exkurse oder zweifelhafte Vermutungen eines kranken oder phantasievollen Geistes erscheinen.

---

[25] Der Name „Pythagoras" ist wahrscheinlich eher ein heteronomer Name als ein Eigenname. Er setzt sich aus zwei Elementen zusammen, von denen das zweite sicherlich *άγορά* (*agora*, „Quadrat") ist und einigen Quellen zufolge das erste *Πυθιος* (*Pythios*, ein Epitheton von Apollon , das auch seine Orakel bezeichnet, wie die Pythia) ist. In diesem Fall könnte die Bedeutung als „derjenige, der Orakel ausstellt" interpretiert werden. Dies ist natürlich nur eine Vermutung.

[26] Siehe das Kapitel „Orpheus, Pythagoras und die neue Eschatologie" in *Histoire des croyances et des idées religieuses,* vol. 2, Mailand: Rizzoli, 2006, S. 186.

BB. Und was könnten die Quellen dieser Doktrinen gewesen sein

ALF. Ich denke, dass all diese Erkenntnisse aus intimen Erfahrungen, „inneren Offenbarungen“ und, kurz gesagt, aus einem lebendigen Kontakt mit der „anderen Welt“ resultierten. Ich denke, es waren „Erfahrungen“, die man sozusagen mit denen von Schamanen vergleichen könnte, selbst von zeitgenössischen Schamanen (von denen es immer noch viele auf der Welt gibt), die durch besondere magisch-rituelle und ekstatische Techniken hervorgerufen wurden. Ich denke, wir werden in späteren Interviews auf die Berechtigung dieser "Praktiken" zurückkommen; für den Moment würde ich sagen, dass dieser Hinweis ausreicht.

BB. Das ist notiert! Man spricht in dieser Zeit auch von „Mysterienreligionen“ oder „Mysterienkulten“... Was kann man dazu sagen?

### *Mysteriöse Religionen*

ALF. Dies scheint mir eine sehr akzeptable Bezeichnung zu sein. Die Etymologie des Wortes „Geheimnis“ geht laut Linguisten auf die indoeuropäische Wurzel „*mon*“ zurück, die ursprünglich die Bedeutung „den Mund verschließen“ hatte. Von dieser Wurzel stammen die griechischen Begriffe „*mýō*“: „verbergen“, „*mýēsis*“: „Einweihung“ und „*mýstēs*“: „Eingeweihter“; also auch „Mystiker“. Die gemeinsamen Bestandteile der Mysterienriten waren im Allgemeinen heilige Symbole und magische Zeremonien, Sakramente und Reinigungsrituale, die Opfer, Waschungen, Fasten oder Abstinenz, Andachtsbankette, Tänze usw. beinhalten konnten.

BB. Wir kennen auch heute noch einige dieser Mysterienreligionen, können Sie etwas dazu sagen?

ALF. Ganz gewiss! Es gab die „großen Mysterien" *(τὰμυστήρια)* von Eleusis[27], die mit der Verehrung der ländlichen Gottheiten der Natur und der Jahreszeiten, nämlich Demeter und Persephone, verbunden waren. Dann würde ich die Kulte um Dionysos, die Kulte um die phrygische Gottheit Sabazios , die Mysterien der Cabiri in Samothrake im gleichnamigen Heiligtum und, wie ich bereits erwähnte, die orphischen und pythagoreischen Mysterien erwähnen. Es folgen weitere Mysterienkulte orientalischen Ursprungs: der kleinasiatische Kult der Großen Mutter Kybele mit Attis , der Kult des Serapis, der Isis und des Osiris aus der ägyptischen Mythologie und der Kult des Mithras , der ursprünglich aus Persien stammt, aber auch das kaiserliche Rom durchdrungen hat.

BB. Es handelt sich um weit verbreitete Realitäten, populäre Kulte, die in fast allen antiken Zivilisationen zu finden sind. Aber war Esoterik nicht etwas Elitäres?

ALF. Daher spricht man von "Mysterienreligionen", um die breitere und „soziale" Konnotation zu verdeutlichen. In der Tat gab es auch eine „Volksesoterik": eine Esoterik für jedermann, so wie es heute eine esoterische und initiatische Organisation wie die Freimaurerei mit Millionen von Mitgliedern auf der ganzen Welt gibt.

BB. Wenn wir zu den „Vätern" der Esoterik zurückkehren, haben Sie von „minderjährigen Vätern" gesprochen. Wen würden Sie in diese Kategorie einordnen?

### *Esoterische Patristik und Scholastik*

ALF. Es ließe sich eine lange Liste erstellen: von Platon bis René Guénon. Ich wollte diese Kategorie jedoch nicht so sehr einführen, um über die einzelnen Figuren zu sprechen, die wir in einem späteren Interview besprechen können,

---

[27] Die Stadt liegt zwanzig Kilometer westlich von Athen.

sondern um eine semantische Parallele zwischen der Esoterik und der christlichen Religion zu ziehen. Dies kann uns helfen, viele Dinge über die Esoterik und die damit verbundenen historischen Ereignisse zu verstehen. Ich bleibe dabei, dass die Geschichte der Esoterik in erster Linie eine Geschichte von großen und kleinen „Vätern" und Meistern ist, die eine Perspektive vertraten, bereits existierendes Material überarbeiteten, Lösungen formulierten, Wege aufzeigten, praktische Anweisungen gaben, spekulative theoretische Architekturen errichteten, Lehren und Symbole versöhnten, Schulen und Bruderschaften gründeten, genau wie unsere „Kirchenväter" es getan haben.

BB. Würden Sie so weit gehen, von einer esoterischen Patristik zu sprechen?

ALF. Ich würde sagen, ja. Und man könnte auch von einer Scholastik sprechen – denn es gab viele, die die Lehren dieser Meister sammelten und eine mehr oder weniger treue Kontinuität sicherten – und sogar von einem Scholastizismus, denn es gab ebenso viele, die durch die Formalisierung der Botschaft diese auf etwas Starres und Mechanisches, Trockenes und Steriles reduzierten.

BB. Dies ist ein sehr interessanter und origineller Blickwinkel, um die Geschichte der Esoterik zu erzählen.

ALF. (lacht). Sagen wir, ich versuche, die Diskussion so einfach wie möglich zu halten, aber ich führe Konzepte und Kategorien ein, die helfen können, die Esoterik in einen sehr komplexen und, wie ich bereits sagte, ziemlich chaotischen Kontext einzuordnen.

BB. Welche anderen historischen Elemente würden Sie gerne ergänzend angeben?

### *Esoterik: Geographie der historischen Ursprünge*

ALF. Ich denke, dass ergänzend dazu geographische Elemente eingeführt werden müssen. Die Geographie ist wichtig, um die Geschichte zu verstehen, aber insbesondere hier auch, um die Entwicklung oder Involution des Denkens zu verstehen.

BB. Das ist richtig; welche geografischen Gebiete sind dann am stärksten in die Geschichte der Esoterik involviert?

ALF. Ich würde von „Zentren der Ausstrahlung“ und der Ausbreitung sprechen. Es gibt bereits eine neue Disziplin, die sich damit befasst, die „religiöse Geographie“, aber soweit ich weiß, hat sie sich noch nicht mit der Geschichte der Esoterik befasst. Hoffentlich wird sie dies in Zukunft tun, denn es mangelt nicht an Material für eine gründliche Untersuchung.

BB. Was waren also die wichtigsten „Bestrahlungszentren“ der Esoterik?

ALF. Für den Westen waren es hauptsächlich Ägypten (Heliopolis und Sais) und Helladen (Eleusis , Delphi, Olympia), für den Nahen Osten der Irak (Najaf) und der Iran (Qom) und für den Osten Tibet (Lhasa). Aber es gab tatsächlich unzählige Zentren und einige blieben nicht bestehen. Diese Orte konnten auch Pilgerziele sein oder Orte, an denen unerklärliche Ereignisse stattfanden. Heute neigen wir dazu, diese möglichen Tatsachen als Legenden, Mythen oder Phantasien abzutun, und in einigen Fällen waren sie das auch, aber nicht immer, denke ich. Göttliche Manifestationen (Theophanien in der Sprache der Religionshistoriker) sind keinesfalls menschliche Erfindungen und selbst der skeptischste Leser sollte sich dessen bewusst sein.

BB. Hoffen wir, dass das der Fall sein wird (lacht). Für Asien haben Sie Tibet erwähnt, aber in China und Japan gibt es doch auch Esoterik, die an einen Ort gebunden ist, oder?

ALF. Das ist in der Tat so. Bei Japan denke ich an den Berg Fuji, aber auch an Osorezan, den vulkanischen Höllenberg, der sich in der Mitte der Shimokita-Halbinsel im äußersten Norden der Präfektur Aomori erhebt. Ein Spaziergang an seinen Hängen ist gleichbedeutend mit dem Eintritt in das buddhistische Land des Jenseits. Für China würde ich auch die vielen heiligen Berge erwähnen, die über verschiedene Gebiete verteilt sind und in denen es oft Tempel gibt, in denen man eine Einweihung erhalten kann. In einem dieser Berge befindet sich das berühmte Sháolín-Kloster, ein wichtiger Tempel in der Geschichte des chinesischen Buddhismus, der als Wiege des *Chán-Buddhismus* und als Wiege von *Shaolin-quan* anerkannt ist.

BB. Ich weiß nicht, ob die kosmogenetische Esoterik der Dogon in Afrika an einen bestimmten Ort gebunden ist, wie z.B. die berühmte Klippe von Bandiagara…

## *Esoterik und Gnostizismus*

Um auf die Geschichte zurückzukommen, stimmen Sie zu, dass der Gnostizismus, der Manichäismus oder die Schule von Alexandria Teil der Geschichte der Esoterik sind?

ALF. In gewissem Sinne ja, aber der Gnostizismus ist ein zu breites und komplexes Phänomen, um vollständig in die Kategorie der Esoterik zu fallen. Ich habe über Scholastik und Scholastizismus gesprochen, hier würde ich eher von Ketzerei und "sektiererischen" Phänomenen sprechen. Das Wort „Häresie“ stammt vom griechischen Wort *hìresis* ab, das wiederum vom Verb *hairèō* abgeleitet ist: „ergreifen“, „nehmen“, aber auch „wählen“ oder „erwählen“. Im Gnostizismus im Allgemeinen gibt es nicht nur die Wahl eines Teils anstelle des Ganzen, sondern auch den Schatten des „Polemos“.[28]

BB. Polemos, der Kriegsdämon aus der griechischen Mythologie?

ALF. Ja, genau der! Ich will damit sagen, dass im Allgemeinen unter der allgemeinen Bezeichnung Gnostizismus Doktrinen zusammengefasst werden, die sich größtenteils als

---

[28] Von „*polemos*“ stammt das italienische Wort „*polemica*“ und das französische Wort „polemique“.

feindlich gegenüber institutionellen Traditionen, sowohl ziviler als auch religiöser Art, erwiesen haben, und dass diese Feindseligkeit, dieses Misstrauen und diese Abneigung nur wenig mit der Suche nach Wahrheit und somit mit Esoterik zu tun haben. Aus diesem Grund neige ich dazu, sie aus der Geschichte der authentischen esoterischen Traditionen auszuschließen, obwohl ich mir bewusst bin, dass ein Esoteriker viel zu sagen hätte.

BB. Es wird also wichtig sein, später darauf zurückzukommen, was denken Sie?

ALF. Auf jeden Fall. Wenn wir über christliche Esoterik oder jüdische Esoterik sprechen, werden wir nicht umhinkommen, dies zu tun.

### *Esoterik und philosophische Schulen*

BB. Sehen Sie im Zusammenhang mit diesem Überblick über die Geschichte der Esoterik noch weitere wichtige Hinweise? Was ist beispielsweise mit der „alexandrinischen Schule" oder der alexandrinischen Gnosis und dem Neuplatonismus?

ALF. Ich sage, dass es sich um Schulen handelte, d.h. um Orte des Lernens, die bestimmten intellektuellen Dispositionen derjenigen entsprachen, die sie besuchten, aber es waren sicherlich keine Initiationsorganisationen oder esoterische Strömungen. Natürlich gab es in diesen Schulen „Meister", die unterrichteten und diese Lehrer konnten auch Eingeweihte sein, das bestreite ich nicht. Aber es fällt mir ehrlich gesagt schwer, diese Schulen überhaupt als esoterisch zu bezeichnen. Was den Neuplatonismus betrifft, so handelt es sich hier um ein kulturelles Phänomen, auch wenn er viele weisheitliche und damit in gewisser Weise esoterische Implikationen hat.

BB. Ist das alles? Was ist mit Alchemie, Kabbala…?

ALF. Hierbei handelt es sich um zwei „Manifestationen" der Esoterik und sie sind sicherlich ein Teil der Geschichte der Esoterik.

BB. Puh, ich hatte schon Angst, dass Sie sie ausgeschlossen haben! (lacht)

ALF. Nein, nein, bitte! (lacht). Es gibt zweifellos zwei Strömungen der Esoterik, die nicht zufällig einen historisch unsicheren Ursprung haben. Historikern zufolge taucht die erste (Alchemie) im 8. Jahrhundert und die zweite (Kabbala) im 12. Jahrhundert auf; aber selbst der strengste Historiker versteht, dass es sicherlich Vorläufer. Die Erklärung, dass die Schöpfung durch Synkretismus erfolgte, ist eher schwach, aber in Ermangelung einer besseren Erklärung ist dies diejenige, die ich in Betracht ziehe.

BB. Das verstehe ich. Wollen wir das Gespräch über die Geschichte der Esoterik hier beenden? Möchten Sie noch etwas hinzufügen?

ALF. Nein, ich möchte an dieser Stelle aufhören, auch weil wir im weiteren Verlauf dieser Interviewreihe notwendigerweise weiterhin historische Aspekte der Esoterik erwähnen werden und sich von selbst bestätigende oder ergänzende Elemente hinzugesellen werden.

# Kapitel V

# Esoterik und Esoteriker

*Kann man trotz der enormen Vielfalt der Esoterik eine Klassifizierung vornehmen und kann man aus der Vielzahl der Esoteriker einige große Namen herausgreifen? Dies sind zwei Fragen, die uns hier als grundlegend erschienen.*

BB. Ist es angesichts der großen Vielfalt der Esoterik möglich, eine Klassifizierung vorzunehmen?

### *Eine Klassifizierung der Esoterik*

ALF. Die Esoterik, die ich als authentisch definiere - und ich habe versucht, die Gründe dafür zu erklären - ist grundsätzlich und im Wesentlichen ein Weg. Aber ein Weg zu was? Ich würde antworten: ein Weg zur Wahrheit.

BB. Eine Definition, die in zweierlei Hinsicht von der Definition akademischer Werke abweicht: Erstens, wie wir gesehen haben, weil Sie die Unauthentischen aus der Esoterik ausschließen und zweitens, weil es nicht mehr nur um die Entwicklung von Interpretationen oder Wissen geht, sondern um einen Weg, der denjenigen, der ihn beschreitet, mit einbezieht.

ALF. Auf jeden Fall! Und genau aus diesem zweiten Grund möchte ich in diesem Interview versuchen, mich besser zu erklären, indem ich zunächst die Bedeutung des Wortes „Wahrheit" kläre. „*Quid est veritas*?", „Was ist Wahrheit?", das ist es, was Pontius Pilatus Jesus fragte, aber keine Antwort erhielt. Die Sprache der Initiation besteht aus Schweigen, denn die Wahrheit ist unaussprechlich.

BB. Aber esoterische Literatur besteht aus vielen Worten und einer verschlüsselten Sprache, die oftmals erst entschlüsselt werden muss. Wie lässt sich dieser Widerspruch erklären?

ALF. Sie erklärt sich aus der Tatsache, dass der Mensch ohnehin nicht ohne Sprache auskommt, aber es ist die Wahrheit der Sprache, die den Esoteriker interessiert. Die Wahrheit der Sprache bedeutet auch die evokative Kraft des Wortes, die Kraft des Wortes, die Kraft des Klanges, der das Wort ausdrückt, und die Kraft der Stille, die ihm folgt.

BB. Die Suche nach der Wahrheit ist also auch eine Suche nach der Wahrheit *der Sprache*!

ALF. Genauso ist es. Und hier haben wir bereits die Möglichkeit einer ersten Klassifizierung: Es gibt die „stumme" Esoterik, die Esoterik ohne Handbücher, sozusagen; es gibt die „mündliche" Esoterik der Meister und schließlich die „schriftliche" Esoterik der Schüler, Jünger und Gefolgsleute. Wir machen die Geschichte der Esoterik in erster Linie anhand von Schriften und Büchern, aber dann kommen wir nicht umhin zu bemerken, dass uns der größte Teil dieser Lehren unbekannt ist.

So entspricht diese dreifache Unterteilung einer Patristik für die erste und zweite und einer Scholastik mit Scholastizismus für die dritte.

BB. Das ist sehr faszinierend! (lacht). Beginnen wir also mit dieser „Patristik", wer sind diese Väter?

### *Eine Patristik der Esoterik*

ALF. Ich habe sie bereits erwähnt: Orpheus , Pythagoras und Hermes Trismegistos , drei Namen, die jeder kennt und über die Tausende und Abertausende von Seiten geschrieben wurden. Sie sind die wahren Väter der Esoterik. Wie gesagt, mythische Väter, denen ein symbolischer Name gegeben wurde, der sicherlich – ob man nun zugeben mag oder nicht, ob sie tatsächlich Individuen waren – nicht ihr „Taufname" war. Ich möchte auch darauf hinweisen, dass alle drei Namen griechischen Ursprungs sind. Dies bedeutet, dass der Beitrag, den die Völker dieser Länder zur Esoterik geleistet haben, von grundlegender Bedeutung war. Es stellt sich jedoch die Frage, was Helladen wirklich war und welche Völker und Kulturen dort zusammenkamen. Dies ist jedoch ein Diskurs, den wir hier nicht weiter ausführen können. Es genügt, sich daran zu erinnern.

BB. Sie erwähnten Pythagoras, könnten Sie auch etwas über die Bedeutung der Namen „Hermes" und „Orpheus" sagen?

ALF. Natürlich ist das so. Hermes Trismegistos , wie bereits erwähnt, ist sicherlich eine legendäre Persönlichkeit aus der vorklassischen Zeit, die als Weisheitslehrer verehrt und traditionell als Autor des *Corpus Hermeticum* angesehen wird. Ihm wird die Gründung der esoterischen Strömung zugeschrieben, die als Hermetismus bekannt ist. Hermes Trismegistos bedeutet wörtlich „Hermes der dreimal Große". Mit diesem Namen wollten die Griechen ihn mit dem Gott Hermes, dem Gott des Logos und der Kommunikation, aber auch mit Thot , dem ägyptischen Gott der Buchstaben, Zahlen und der Geometrie, gleichsetzen. Da es bei den Ägyptern üblich war, das Adjektiv „groß" vor dem Namen der Gottheit zu wiederholen, wurde Hermes genau der Dreimal-Große (*tris-megisto*) genannt.

BB. Und Orpheus ?

ALF. *Orpheus* leitet sich von dem griechischen Namen „*Orpheus*" ab, dessen Ursprung eigentlich unbekannt ist, über den jedoch verschiedene Hypothesen aufgestellt wurden, darunter die, dass der Name mit „*orphne*", „die Dunkelheit der Nacht" oder mit „*orphanós*", „Waise", „allein" in Verbindung gebracht werden kann, aber die Linguisten sind sich nicht einig.

BB. Wie würden Sie zusammenfassen, was uns die Etymologien der Namen dieser „Väter" der Esoterik sagen?

ALF. Sie sagen uns grundlegende Dinge über die wahre Esoterik. Der Name Pythagoras sagt uns, dass die Esoterik orakelhaftes Wissen vermittelt (die Verbindung zu Apollon , Gott der Musik, der medizinischen Künste, der Wissenschaft, des Intellekts und der Prophezeiung), aber in dem Sinne reserviert ist, dass diejenigen, die ihm zuhören und wirklich denken, immer eine sehr kleine Minderheit waren. Dies bedeutet meiner Meinung nach, dass es die Weisheit oder die Wahrheit ist, die zählt, und nicht die Individualität, die sie vermittelt.

BB. Unter anderem scheint es, dass die pythagoreische Schule auch Frauen aufgenommen hat, die normalerweise von esoterischen Lehren ausgeschlossen sind. Ist dies wahr?

ALF. Ja, zum Teil. Diese „*conventio ad excludendum*"[29] gegenüber Frauen bezog sich auf deren angebliche Unfähigkeit, sich in bestimmten rationalen und spirituellen Disziplinen zu versuchen. Noch heute hat eine traditionell und historisch „initiatorische" Institution wie die Freimaurerei Schwierigkeiten, die Anwesenheit von Frauen in der Loge zu akzeptieren, und dies sagt viel über die Hartnäckigkeit dieser Idee aus[30]. In der pythagoreischen Schule war dies überhaupt nicht der Fall, ebenso wenig wie in den „Mysterienreligionen" und im frühen Christentum sowie in vielen anderen Bereichen. Auf dieses Thema wird noch zurückzukommen sein.

---

[29] Lateinischer Begriff, der verwendet wird, um eine ausdrückliche oder stillschweigende Vereinbarung zwischen gesellschaftlichen Parteien zu definieren, die darauf abzielt, einen bestimmten Dritten von bestimmten Formen der Allianz, Beteiligung oder Zusammenarbeit auszuschließen.

[30] Die sogenannten Anderson-Konstitutionen, die seit fast drei Jahrhunderten innerhalb der freimaurerischen Institution Gesetz sind, legen im dritten Kapitel folgendes fest: "Die Personen, die als Mitglieder in eine Loge aufgenommen werden, müssen gute und aufrichtige Männer sein, frei geboren und von reifem und weisem Alter, keine Sklaven, keine Frauen, keine unmoralischen oder skandalösen Männer, aber von gutem Ruf.

BB. Ganz bestimmt! Bleiben wir vorerst bei den Namen: Was sagt uns der Name „Hermes“ über die Natur der Esoterik?

ALF. Hermes ist der Gott, der zwischen den Menschen und den Göttern vermittelt, das Analogon des lateinischen Merkur und des ägyptischen Thot. Das Wort stammt vom griechischen Wort „*Ermés/Eiro*“, was „Ankündigung“ bedeutet. Es wurde nach dem Sohn von Zeus und Maia benannt, dem Gott des Diebstahls und des Handels, dem Götterboten und Psychopompos, dem „Begleiter der Seelen“. Die Hermetik ist nach ihm benannt und „Hermetik“ ist ein Synonym für „Esoterik“. Die am besten geeignete Dimension der Esoterik ist daher die von etwas, das zwischen Himmel und Erde, zwischen Mikrokosmos und Makrokosmos oder auch zwischen Kosmos und Metakosmos liegt. Die Esoterik bringt den Menschen also „das Feuer der Götter“, nicht indem sie es „stiehlt“ wie im Fall von Prometheus, sondern in Form eines „Geschenks“.

BB. Nach Ihrer Argumentation könnte man also sagen, dass die falsche Esoterik prometheisch ist, während die echte Esoterik nicht prometheisch ist.

ALF. Das ist richtig. Dies ist ein Unterscheidungsparameter. Er verweist auf die Parallele zur „Gnade“, über die wir in einem früheren Interview gesprochen haben.

BB. Verrät uns der Name Hermès noch mehr?

ALF. Er sagt uns auch, dass die Esoterik eine rätselhafte, verschlossene und manchmal sogar unverständliche Dimension hat (dies ist die Bedeutung, die wir gewöhnlich dem Wort „hermetisch“ zuschreiben). Ein Geheimnis, das nicht deshalb so geheim ist, weil es abstrus ist, sondern weil kein Verstand es erfassen kann, kein noch so tiefer Gedanke es verletzen kann; nur der Geist hat die Schlüssel. Das sagte Jesus : „Gesegnet bist du, Simon, Sohn des Jonas , denn Fleisch und Blut haben es dir nicht offenbart, sondern mein Vater im

Himmel“[31]. Hermes ist auch eine Figur des *Logos*, aber des *Logos* der Götter, mit einem großen „L“. Wenn der Logos der Götter zum Wort, zur Lehre wird, wird er auch zur Literatur, aber es ist Literatur der Götter. Die Esoterik als „literarische Gattung“ ist somit „Literatur der Götter“.

BB. Das ist sehr interessant! Und Orpheus ?

ALF. Wir haben bereits erwähnt, dass Orpheus gewöhnlich mit „dunkel“, „allein“ übersetzt wird. Das liegt daran, dass Orpheus, wie Pythagoras , mit Apollon und der Magie des Gesangs, des Klangs und der Stimme zu tun hat. Elemente, die in der Esoterik eine sehr wichtige Rolle spielen. Darüber hinaus ist Orpheus derjenige, der „in die Unterwelt hinabsteigt“. Und in der Tat ist der Esoteriker nicht nur ein Einzelgänger, jemand, der nicht gerne mit anderen Menschen zusammen ist, der ein zurückgezogenes Leben führt und so wenig wie möglich in der Öffentlichkeit auftritt.

### *Dante, der Esoteriker par excellence*

BB. Mir kommt in den Sinn, dass eine verborgene Präsenz aus dem klassischen Orpheus-Mythos in Dantes Erzählung der „Reise in eine andere Welt“ vorhanden ist.

ALF. Genau das ist es! Und in dieser Hinsicht ist Dante Alighieri meiner Meinung nach der Esoteriker par excellence.

BB. Obwohl einige Literaturkritiker und Dante-Experten die Esoterik von Dante leugnen?

ALF. Ja, sie leugnen dies und reduzieren Dantes Rede auf eine literarische Tatsache. Aber diese Herren verstehen die Esoterik nicht und ich muss sagen, oft nicht einmal die Theologie oder die Philosophie. Wenn Sie etwas nicht „anhaften“ (anhaften bedeutet, sich einer Sache anzuschließen, indem man sie mit ihr in Einklang bringt; an ihr hängen oder in engem Kontakt mit ihr stehen), können Sie es nicht wirklich

---

[31] Mt XVI, 17.

verstehen. In Dante fließt die gesamte vorchristliche klassische Tradition (in der *Göttlichen Komödie* gibt es viel Pythagoreismus und auch Hermetik), die in der christlichen theologischen und philosophischen Tradition überliefert ist. Dies ist nicht einfach eine Form von Irenismus oder Ökumenismus, wie man heute sagen würde, sondern eine echte Synthese, eine echte Esoterik, also eine „*summa summarum*", wie ich glaube, bereits gesagt zu haben.

BB. Ist Dante somit als „Vater" der Esoterik zu betrachten oder als sein Schüler?

ALF. Dante ist ein Schuljunge, aber ein sehr, sehr guter! (lacht). Und Platon ist es schließlich auch, denn sein Lehrer war Sokrates . Sokrates war sein Lehrer. Er kann zweifellos als „Vater" betrachtet werden.

***Sokrates Esoteriker.***

BB. Sokrates Esoteriker!

ALF. Auf jeden Fall! Ein Esoteriker von der Art der „Einzelgänger", ohne Schule. Sein ganzes Wissen und seine Weisheit, so sein bester Schüler Platon , kamen von einer „inneren Stimme", dem berühmten *Dàimon* (*Daimonium* im Spätlateinischen).

BB. Worin besteht seine „Esoterik"?

ALF. Wenn das Wissen nicht aus einer Quelle menschlichen Ursprungs stammt, können wir dieses Wissen als esoterisch bezeichnen. Andererseits galt Sokrates in Delphi, in dem berühmten Heiligtum, das wir bereits erwähnt haben, als der weiseste Mann Griechenlands. Es sind also die Eingeweihten selbst, die ihn als „Meister" oder vielmehr als Sprecher der Götter bezeichnen.

BB. Würden Sie andere Väter erwähnen?

ALF. Nein, ich würde bei Sokrates aufhören. Und in seinem Fall, wie vielleicht auch im Fall von Pythagoras , sprechen wir von realen Personen und nicht von Mythen.

BB. An dieser Stelle sollten wir versuchen, etwas über die „esoterische Scholastik" zu sagen. Sie haben Platon und Dante erwähnt. Würden Sie Aristoteles ausschließen?

ALF. Ganz und gar nicht. Und wie könnte ich gerade den „Meister der Wissenden" (Dante)[32] ausschließen?

***Aristoteles Esoteriker.***

BB. Aristoteles , der große Unbekannte!

ALF. Genau das ist es! Es gibt ein großes Missverständnis über Aristoteles : Das konventionelle Bild ist das eines reinen Wissenschaftlers und eines logischen und strengen Philosophen, der seine metaphysische, spirituelle und kontemplative Ausrichtung und vielleicht auch seine Verbindung zur Tradition der Mysterien vergisst oder ausklammert.[33]

BB. Ohne Zweifel. Unter anderem stammt das Wort „Esoterik" in gewissem Sinne aus seinem Lexikon.

ALF. Das ist in der Tat so! Aristoteles verwendete das Wort „Exoterik" sehr oft und obwohl das Adjektiv „esoterisch" erst später geschaffen wurde, wäre es ohne den vorangehenden Begriff nicht denkbar gewesen. Zweitens gibt es eine ganze Debatte über die wahre Bedeutung, die das Wort „exoterisch" bei Aristoteles hatte. Einige Gelehrte glauben mit guten Argumenten, dass der Philosoph sich auf jene Realitäten bezog, die „außerhalb" (*éxo*) sind, also außerhalb und somit jenseits der physischen Natur. Diese Realitäten wurden später als „esoterisch" und „meta-physikalisch" bezeichnet.[34]

---

[32] *Göttliche Komödie*, Die Hölle, IV, 131.

[33] Auf diesem Thema basiert die sorgfältige Studie des Professors für antike und patristische Philosophie, Abraham P. Bos (1943): *Cosmic and Meta-Cosmic Theology in Aristotle's Lost Dialogues*, Series: Brill's Studies in Intellectual History, Volume: 16, Leiden: Brill, 1989.

[34] *Ibidem*. Nicht zu vergessen der Begriff „akroamatisch", der von Aristoteles und anderen Zeitgenossen häufig verwendet wurde und „nur für Verwandte und Vertraute" bedeutete.

BB. Also fast eine Umkehrung der Bedeutung!

ALF. In der Tat. Das bedeutet, dass wir, wenn wir die Bedeutung bestimmter Wörter, die von den Älteren verwendet wurden, übersehen, auch das, was sie gesagt haben, übersehen können.

BB. Wir müssen also zur „Wahrheit der Sprache“ zurückkehren, wie Sie sagten...

ALF. Dies wäre notwendig, vorausgesetzt, wir können sie verstehen, denn was nicht wiederhergestellt werden kann, ist die Mentalität der Alten, die so anders und so weit von der unseren entfernt ist. Hier liegt auch die Schwierigkeit, nicht nur die Geschichte, sondern auch die Vorstellung von Esoterik zu rekonstruieren.

BB. Das ist sehr richtig! Lassen Sie uns so weit wie möglich zu dem esoterischen Aristoteles zurückkehren. Ein scholastischer Esoteriker, wenn ich das richtig verstanden habe.

ALF. Auf jeden Fall! Scholastisch in Wort und Schrift. Er gab der Esoterik einen außergewöhnlichen Impuls, der sowohl formal als auch inhaltlich, sowohl direkt als auch indirekt war. Er gab ihn mit seinen öffentlichen und privaten Lehren, durch seine *peripatetische* Schule (von griechisch *Peripatos*: Weg, Spaziergang), in der sich seine Schüler versammelten und die nicht zufällig ein Apollon gewidmetes Heiligtum Lykien war – daher der andere Name der Schule: Lyzeum. Aber er gab diesen Impuls auch durch seinen Geist, dessen Präsenz auch nach zweitausendsechshundert Jahren noch spürbar ist. Wie viele Anregungen sind von ihm ausgegangen und das auf allen Ebenen! Dann gibt es noch die verlorenen Werke. Die sogenannten „wissenschaftlichen Werke“ waren immer nur ein Propädeutikum.

BB. Der Esoteriker Pierre A. Riffard , den Sie in einem früheren Interview erwähnten und dessen Lektüre Sie empfahlen, ist jedoch der Ansicht, dass Aristoteles nur ein

„Techniker der Philosophie“ und kein Spezialist für das Okkulte war.

ALF. Und ich stimme teilweise zu. Aber Aristoteles war sicherlich in die Mysterien eingeweiht und ein „Hüter der Tradition“ wie sein Lehrer Platon . Dies kann sicherlich nicht geleugnet werden. Und es kann auch nicht geleugnet werden, dass sich fast jeder von ihm inspirieren lässt, gerade weil sein Denken ein *summa summarum*, eine Esoterik, eine totale Vision der Realität und über die Realität war.

BB. Ist das Esoterik als „vollständige Vision der Realität“?

ALF. Esoterik ist auch das: ein totales Wissen und eine totale Sichtweise, die nichts außen vorlässt, nicht einmal die Wissenschaft, nicht einmal die Logik. Es ist ein System, in dem „alles zusammenpasst“.

BB. Aber wenn Esoterik ein „Weg ist, ein Weg zur Wahrheit, wie ist das dann mit einem „System“ vereinbar?

ALF. Das Wort war wahrscheinlich falsch gewählt, sagen wir, dass dieser „Weg“ nichts außerhalb von sich selbst lässt. Es ist ein Weg, der den ganzen Menschen einbezieht und somit auch sein Denken, seine Ideen und seine Weltanschauung. Was erahnt wird, kann erklärt werden und was erklärt wird, kann wieder erahnt und erkannt werden, gerade durch seine Äußerung und Erklärung. Die Esoterik ist wie eine Kathedrale, ein perfektes Bauwerk mit vielen strukturellen, architektonischen, funktionellen und auch dekorativen Elementen. Die Konzentration auf Details kann dazu führen, dass man das Ganze aus den Augen verliert, aber das Ganze hat Vorrang vor dem Fundament, auf dem es ruht.

BB. Das ist eine faszinierende Analogie, aber lassen Sie uns zu den „scholastischen Esoterikern“ zurückkehren, damit wir nicht den logischen Faden eines aristotelischen Diskurses verlieren (lacht).

*Scholastische Schulen und Esoteriker*

ALF. Sie haben natürlich Recht. Aber all diese Schritte, ob rückwärts oder seitwärts, sind notwendig, um uns immer weiter zu treiben und uns zu zwingen, das zu überdenken, was wir immer über die Esoterik zu wissen und zu verstehen glaubten.

Kommen wir also zurück zu den Namen. Ich möchte nicht viele nennen, da die Liste endlos wäre, ganz zu schweigen von den wenigen Worten, die zu jedem einzelnen nötig wären. Lassen Sie uns stattdessen von Strömungen sprechen, wobei wir immer noch in der Sphäre der Scholastik und der „esoterischen Schüler" bleiben (weitere Namen können in einem Interview über „modernen" Okkultismus und Esoterik genannt werden). Daher würde ich in diese Kategorie Scholastik auch die gesamte breite neuplatonische Bewegung einbeziehen.

BB. Die Namen sind zahlreich. Können Sie die wichtigsten nennen?

ALF. Ich möchte zunächst die Schulen erwähnen:
- die römische Schule, die von Plotin gegründet und von seinen Schülern Porphyrius und Amelius fortgeführt wurde;
- die Schule von Alexandria, die von Ammonios Saccas gegründet wurde und zu deren Vertretern Olympiodoros der Ältere , die Philosophin Hypatia und ihr Vater Theon zählten;
- die syrische Schule von Apameia, gegründet von Jamblikos , einem Schüler von Porphyrios , die sich durch ihre Revision der Theorien des Gründers und durch die deutliche Übernahme der neupythagoreischen Traditionen und der Weisheit, die im so genannten *Corpus Hermeticum* enthalten sind, auszeichnete;
- die Athener Schule, die durch Priscus mit der syrischen Schule verbunden war, deren wichtigste Vertreter Plutarch von Athen und Syrianus waren und deren Ergebnisse durch die Werke von Proklos belegt sind;

- die Pergamonschule, gegründet von Edessios von Kappadokien, die in Kaiser Julian einen ihrer wichtigsten Vertreter hatte;
- Die theologische Schule von Alexandria oder das Didascalaeum, das seine Gründung direkt auf den Evangelisten Markus zurückführt, zuerst mit Pantene („die Biene von Sizilien") und dann mit Klemens von Alexandria.

BB. Der christliche Neuplatonismus...

ALF. Vollzählig, mit dem Hl. Dionysius Areopagita[35] und Johannes Scotus Erigenes, gefolgt von Hildegard von Bingen, Meister Eckhart, Margaretha Ebner, Henri Suso, Johannes Tauler, Rulman Merswin, Nikolaus von Kues, Marsilius Ficino, Pico della Mirandola und Giordano Bruno , sowie der mittelalterlichen mystischen Gruppe der „Freunde Gottes" (14. Jh.).

BB. Und nach der Renaissance?

ALF. Die Kette setzt sich fort mit anderen Figuren wie Schelling , Schopenhauer , den Platonikern von Cambridge Ralph Cudworth und Henry More, den amerikanischen Transzendentalisten vor allem Emerson und Thoreau , bis hin zu den „Denkern der Tradition" des 20. Jahrhunderts, einer Strömung, die von René Guénon, gefolgt von Julius Evola, Ananda K. Coomaraswamy, Titus Burckhardt, Frithjof Schuon, Elémire Zolla, Henry Corbin, Alain Daniélou, Martin Lings, Seyyed Hossein Nasr und viele andere. In mancher Hinsicht kann man auch den Psychoanalytiker Carl Gustav Jung in die Strömung der Esoterik des 20.

---

[35] Sagt eine Zeit lang „Pseudo-Dionysius Areopagita", um ihn nicht mit dem Bischof von Athen (1. Jh. zu verwechseln, oder auch S. Denis von Paris zu verwechseln. Heute ist man sich eher einig, dass es sich um eine Tradition handelt, die im ersten Jahrhundert entwickelt und um 500 n. Chr. eingefroren wurde, so dass man sie von dem uneleganten „Pseudo" befreien kann.

*Guénon Esoteriker*

BB. Legen Sie nicht zu viel Gewicht auf die „Denker der Tradition“?

ALF. Ja, ich gebe meine Sucht nach dieser „Strömung“ zu, die ich in höchstem Maße schätze.

BB. Finden Sie, dass sie wirklich mit der Esoterik der „Gründerväter“ harmonieren?

ALF. Ich meine das so sehr, dass man bei ihren Werken sogar von einer Neo-Patristik der Esoterik sprechen könnte. Aber Vorsicht: Der „Vater“ ist René Guénon, alle anderen sind mehr oder weniger gute Schüler.

BB. Dann wäre Guénon auf dem Niveau eines Pythagoras ?

ALF. Ich wäre versucht, dies zu sagen. Aber dann müsste man davon ausgehen, dass es einen Guénon „Vater der Esoterik“ und einen Guénon „Schüler der Esoterik“ gibt. Wie Goethe sagen würde, „lebten zwei Seelen in seiner Brust“: die des Gelehrten, der schreibt und spricht, und die des „stummen Eingeweihten“. Ich denke, dass seine Nachkommenschaft vor allem den ersten Aspekt verstanden hat, während der zweite Aspekt nur von einigen wenigen wirklich erkannt und daher genutzt wurde. Die guenonischen Scholastiker wiederholten entweder treu den Brief des Meisters oder versuchten es zumindest; die guenonischen Schüler ließen ihn kritiklos in leeren Formeln erstarren – ein Beispiel für Scholastizismus! Ich denke, dass der Insider Guénon nur wenig verstanden wurde. Und dieser „Eingeweihte“ hätte sicherlich nicht gewollt, dass sein Name vor der heiligen Lehre steht. In Abwandlung von S. Johannes dem Evangelisten, dessen Namen Guénon sicherlich nicht zufällig angenommen hat: „Er muss wachsen und ich muss abnehmen“ (III, 30), d.h. meine Botschaft und meine Person wurden in den Dienst Gottes, in den Dienst des Einen gestellt und nein, sie werden niemals Seinen Platz einnehmen! Diejenigen, die Guénon vergötterten, indem sie seine wahre Botschaft verrieten, sollten sich daran erinnern.

BB. Können wir also sagen, dass die „Väter“ mit einem kleinen „v“ (wie man in französisch oder italienisch finden könnte), um solche zu sein, sich auf den „Vater“ mit einem großen „V“ verlassen müssen?

ALF. Ja, das kann man so sagen. Und fügen Sie hinzu, dass es außerhalb dieser hierarchischen Unterordnung keine echte Esoterik gibt.

BB. In dieser Hinsicht hat Aristoteles einen *Bruch* mit seinem 17-jährigen Lehrer Platon vollzogen, auf den wir zurückkommen können. Für Platon hat die Welt eine ikonische Funktion und ihr Wissen kann nur hypothetisch sein – „ein wahrscheinlicher Mythos“, sagte er (*Timaios*, 29d) –, da das sichtbare Bild auf ein unsichtbares Modell verweist (*vgl. Timaios*, 29b). Daraus ergibt sich alle mögliche symbolische Erkenntnis.

Im Gegensatz dazu nimmt Aristoteles die Perspektive einer Naturphilosophie, einer Physik ein, die er übrigens auch begründet, in der jedoch alles gegeben ist und nur noch interpretiert werden muss.

ALF. Bei Aristoteles gibt es jedoch einen Übernaturalismus der intelligiblen Formen, d.h. die „Intelligenz kommt durch die Tür“[36] und der handelnde Intellekt ist „unsterblich und ewig“ (*Über die Seele*, III, 5).

BB. Ja, aber nicht die Welt als solche. Der Philosoph verneint die intelligible Welt, die auf die sichtbare Welt reduziert wird, wodurch er in der Lage ist, die Wissenschaft zu begründen: Es ist die radikale ontologische Unterscheidung zwischen dem zu erkennenden Objekt und dem erkennenden Subjekt, die die Objektivität der Wissenschaft garantiert. Damit bleibt er bei der hypothetisch-deduktiven Erkenntnis, die durch die

---

[36] *Von der Zeugung der Tiere*, II 3, 736 a, 27-b 12.

diskursive Vernunft (*dianoia*) erreicht wird; man bleibt in der Welt der Begriffe, auf der Ebene des Anschaulichen und im Bereich der Gelehrten, verglichen mit der intuitiven Erkenntnis des Intellekts (*noèsis*), die nach Platon die Welt der Ideen oder des Sinns, die Ebene des Verständlichen und eine mögliche wahre metaphysische Erkenntnis eröffnet.

## KAPITEL VI

# EIN ESOTERISCHES ABENTEUER

*Mit zwei Büchern mit dem Titel „Im Licht der Bücher, Leseweg eines 'fahrenden Ritters'", die 2007 und 2022 veröffentlicht wurden*[37]*, präsentiert Aldo La Fata selbst, wenn auch indirekt durch Rezensionen von Werken anderer, einen Weg, eine Reise, ein Abenteuer, könnte man sagen, in der Esoterik.*

BB. Könnten Sie Ihr „Abenteuer" in der Esoterik illustrieren, diesmal nicht anhand persönlicher Ereignisse (*siehe* Kap. II. Esoterische Biographie), sondern anhand der aufeinanderfolgenden Begegnungen mit Schlüsselpersonen und Büchern.

### *Panunzio, eine christliche Metaphysik*

ALS. Ja, das wäre möglich. Ich erwähnte die Bücher von Evola und Guénon und die für mich entscheidende Begegnung mit dem Werk von Silvano Panunzio , insbesondere mit seiner *Contemplazione e Simbolo. Summa iniziatica orientale-occidentale* [*Kontemplation und Symbol. Initiatische Ost-West-Summe*] (Roma: Ed. Volpe, 1976).

BB. Was war besonders?

ALF. Der Autor kündigte die Existenz einer christlichen Metaphysik, einer christlichen Initiation und einer christlichen Esoterik an, und sagen wir, dass ich bis dahin, wie

[37] *Nella luce dei libri. Parcorsi di lettura di un „cavaliere errante"*, Boopen Editore, 2007 und, unter demselben Titel, Solfanelli, 2022.

Guénon, stark bezweifelt hatte, dass das Christentum diese Elemente besaß.

BB. Und hat Sie die Lektüre dieses Buches überzeugt?

ALF. Und zwar direkt! Panunzio ist es in diesem Buch gelungen, zu zeigen, dass das Christentum viel mehr ist als „die Religion, die sich im Westen durchgesetzt hat", wie Evola gerne sagte...

BB. Das erinnert mich an meinen Onkel, einen Oratoriumspriester und großen Witzbold, der ironisch sagte, dass eine Religion eine erfolgreiche Sekte sei, wie Evola...

ALF. Man sieht den zweiten Grad! Das Christentum ist unendlich viel mehr, sagte Panunzio, mit Truhen voller Schätze. Man braucht sie nur zu öffnen, um in Staunen zu geraten.

BB. Sicher, man muss nur die Bücher von Panunzio öffnen, von dem Sie fast alle Neuauflagen orchestriert haben, zwei davon kürzlich in Frankreich, um überzeugt zu sein, wenn man es nicht schon ist. Sind Sie auf Ihrem Weg auch anderen Autoren wie Panunzio begegnet?

## *Paolo Virio, ein christlicher Esoteriker*

ALF. Ja, es gab einen Paolo Marchetti, genannt Paolo Virio (1910-1969). Ich fand seine Bücher in der berühmten römischen esoterischen Buchhandlung „Rotondi"[38] in der Via Merulana in der Nähe der beiden großen Basiliken San Giovanni in Laterano und Santa Maria Maggiore. Die Lektüre von „Paolo M. Virio : Beispiel eines Lebens"[39], das von seiner Frau Luciana nach seinem Tod verfasst wurde, war entscheidend. Das Leben dieses unbekannten christlichen

---

[38] Amedeo Rotondi , auch bekannt unter den Pseudonymen Amadeus Voldben und Vico di Varo (1908-1999), ein Esoteriker, gründete sie in den späten 1930er Jahren und nach fast einem Jahrhundert gibt es diese Buchhandlung erstaunlicherweise immer noch.

[39] Rom: Edizioni Sophia, 1971. Neu aufgelegt 2003 bei Simmetria.

Esoterikers wurde wie in einem fesselnden Roman erzählt. Es gab seine Ideen, seine Lektüre, seine Studien, seine Begegnungen mit anderen zeitgenössischen Esoterikern, Hinweise auf den Initiationsweg „binomial“[40], den er und seine Frau mit Überzeugung verfolgten. Kurz gesagt, durch diesen Text wurde die Esoterik aus den Büchern in das wirkliche Leben gebracht.

BB. Und Sie respektieren diesen Autor auch heute noch, so scheint es.

ALF. Ja, das kann ich bestätigen. Nachdem ich dieses Buch gelesen hatte, beschloss ich, die Autorin, Frau Luciana Virio, geborene Adelina Sgabelloni (1904-2000), zu treffen und wurde schnell zu ihrer Vertrauten und Freundin.

BB. Haben Sie sich dieser „binomialen Schule“ angeschlossen?

ALF. Nein, denn in Wirklichkeit gab es keine Schule oder Organisation hinter ihrem Experiment[41]. Außerdem war ich damals unverheiratet und hätte mit einer Frau verheiratet sein müssen, die die gleichen Überzeugungen und Initiationsabsichten hatte.

BB. Ich hätte gerne Fragen zu Ihrer Freundschaft mit Frau Virio, aber das würde wahrscheinlich vom Thema abweichen. Lassen Sie uns daher mit den Begegnungen von Personen oder Büchern fortfahren.

ALF. Es muss ein zweites Buch erwähnt werden, das ebenfalls von Luciana herausgegeben wurde und für mich ebenso wichtig war wie das erste: die „Initiatische Korrespondenz“. Es ist kein Zufall, dass dieser Text in einer erweiterten

---

[40] Aus alchemistischer Sicht könnte man sagen, dass es sich um einen „Pfad der zwei Gefäße“ handelt, der traditionell eine Form des christlichen Tantrismus ist.

[41] Die christliche Esoterik der Virio soll laut einer Rekonstruktion des Ehepaares sogar bis zum ersten Kreuzzug, d.h. um das Jahr 1000, zurückreichen, aber leider gibt es keine Dokumente, die dies beweisen können.

Ausgabe nach dem Jahr 2000 in einem Band mit der bereits erwähnten Biographie veröffentlicht wurde. Die meisten von Virios Korrespondenten waren Freunde, die sehr an seinem Zeugnis interessiert waren und ihn als einen Meister oder *zumindest* als einen authentischen und seriösen Vertreter der christlichen Esoterik betrachteten. Zu diesen Korrespondenten gehörte auch der bekannte italienische Mitarbeiter von René Guénon : Corrado Rocco.[42]

BB. Und was waren die Themen dieser Briefe?

ALF. Sie sprachen über esoterische Autoren, Bücher und Lehren... Ich erinnere mich insbesondere an eine wertvolle Erklärung der „Reinkarnation" oder der Metempsychose, die weit entfernt war von den Banalitäten und theosophischen Vereinfachungen, die ich bis dahin gelesen hatte, sowie an aufschlussreiche Urteile über bedeutende Figuren der Esoterik des 19. und 20. Jahrhunderts: Evola (persönlich bekannt und getroffen), Kremmerz, Papus, Guénon, Schuon und andere berühmte Autoren dieser Art.

BB. Ich muss zugeben, dass ich noch nie von Virio gehört habe, aber nach dem, was Sie sagen, scheint er mir ein würdiger Charakter zu sein.

ALF. Sicherlich. Seine Bücher (die alle posthum veröffentlicht wurden), mit Ausnahme der bereits erwähnten, die für mich in vielen Fragen der Esoterik entscheidend waren, kann ich nicht als Pflichtlektüre anbieten.

BB. Gibt es noch andere wichtige Bücher, die Sie erwähnen sollten?

### *Die Wissenschaft der Magier*

ALF. Für die Esoterik im engeren Sinne würde ich sagen, dass zwei wirklich wichtige Texte *La Scienza dei Magi* (*Die*

---

[42] Berühmter Gelehrter der Esoterik, Förderer der Edizioni Studi Initiati in Neapel, in Kontakt mit dem Metaphysiker von Blois, von dem er einige der wichtigsten Bücher herausgab und ins Italienische übersetzte.

*Wissenschaft der Magier*) von Giuliano Kremmerz und *Introduzione alla magia* (Einführung in die Magie) von der Ur-Gruppe sind. Ein ganzes Buch würde nicht ausreichen, um diese beiden Werke allein zu besprechen.

BB. Können Sie dennoch ein paar Worte dazu sagen?

ALF. Ich kann es versuchen. Ich werde mit Kremmerz beginnen. Wer war er? Geboren als Ciro Formisano[43], ist er zweifellos der bedeutendste italienische Esoteriker und Hermetiker der letzten zwei Jahrhunderte, das letzte Glied in einer Kette, die sich über die Jahrhunderte bis heute fortgesetzt hat: von Giambattista della Porta (gest. 1556) bis zum heutigen Tag. 1535-1615) zu Giordano Bruno (1548-1600), von Raimondo di Sangro (1710-1771) zu Cagliostro (1743-1795), von Pasquale De Servis (1868-1893) zu Giustiniano Lebano (1893-1910). Und nach Kremmerz, setzte sich eine Kette fort mit Rocco Armentano (1886-1966) und Arturo Reghini (1878-1946), sowie Giacomo Boni (1859-1925) und Roggero Musmeci Ferrari Bravo (1868-1937).

BB. Und dann wurde die „Kette“ unterbrochen... (lacht)

ALF. (lacht) Schwer zu sagen, aber ich nehme an, dass es nicht so ist. Und tatsächlich könnten noch weitere Namen genannt werden, die von lebenden Personen, weshalb ich es vorziehe, diese zu verschweigen, um niemanden zu beleidigen.

BB. Ich verstehe, was Sie meinen. Kommen wir also zurück zu dem Buch, das Sie als sehr wichtig bezeichneten: „Die Wissenschaft der Magier“; was steht darin?

ALF. Der Untertitel gibt eine Vorstellung davon: „Einführung in die Wissenschaft der Magier; Elemente der natürlichen und göttlichen Magie“. Dieses Buch enthält eine Fülle von hermetischen Lehren, Elementen der klassischen Magie, Beschreibungen von „okkulten Phänomenen und Kräften“, subtilen und unsichtbaren Welten usw. Kurz gesagt, ein wenig

[43] Portici, 8. April 1861 - Beausoleil, 7. Mai 1930.

von all dem, was wir modernen Menschen uns vorstellen, was normalerweise mit Esoterik in Verbindung gebracht wird. Auf jeden Fall muss ich zugeben, dass die Lektüre dieses Potpourris viele Dinge über Esoterik geklärt hat. Vor allem habe ich verstanden, welchen Ballast ein Esoteriker aufladen und wieder abwerfen kann.

BB. Welche Elemente sollten Sie entsorgen?

ALF. Vertrautheit mit unpersönlichen Kräften, die die Persönlichkeit untergraben können und vielleicht sogar instinktive und irrationale Impulse nähren, die dann schwer zu kontrollieren sind.

BB. Das ist beunruhigend!

ALF. Ja, und das ist es wirklich! Einige wurden in eine Irrenanstalt gesteckt oder noch schlimmer.

BB. Wenn das Esoterik ist, dann Gott bewahre!

ALF. In Wirklichkeit handelt es sich um Anti-Esoterik oder, wie ich es nenne, um falsche Esoterik.

BB. Oder auch das, was als Okkultismus bezeichnet wurde, um es davon zu unterscheiden. Das eine, die Esoterik, ist nach innen und oben gerichtet, das andere, mit Kräften, die entwickelt und eingesetzt werden müssen, ist nach außen und unten gerichtet.

ALF. Das ist richtig. Das Problem ist, dass im Universum jede Kraft, jede Strömung auf ihr Gegenteil trifft und somit jeder Weg zu einem Labyrinth werden kann, in dem man sich verliert oder in einen bodenlosen Abgrund stürzt. Ich fürchte jedoch, dass dies auf alles zutrifft, sogar auf die heiligsten und spirituellsten Religionen wie den Buddhismus oder das Christentum. Wie viele unangemessene Verhaltensweisen können aus einem falschen Verständnis des Weges resultieren!

BB. In der Tat, ob man nun an Fanatismus oder die Ausbeutung der Schwächsten denkt!

### *Einführung in die Magie*

ALF. Ein weiterer grundlegender Text in meinen esoterischen Studien war das bereits erwähnte Gemeinschaftswerk „*Introduzione alla magia*“ der Gruppe Ur.

BB. Wieder die Magie! (Lachen)

ALF. (lacht) Eigentlich ja und nein, denn in diesem Fall haben wir es mit einem heterogeneren Material zu tun. Es geht um Magie, das ist wahr, aber es gibt noch viel mehr. Ich würde sogar so weit gehen, zu sagen, dass es sich um das wichtigste Werk des 20. Jahrhunderts über Esoterik handelt, da alle möglichen Formen, einschließlich religiöser und metaphysischer, hier vertreten sind. Meiner Meinung nach gibt es nichts Vergleichbares auf der Welt. In diesen Büchern (die italienische Ausgabe erschien in drei Bänden, ebenso wie die des Kremmerz) sind die gemeinsamen Bemühungen der besten Esoteriker des letzten Jahrhunderts zu erkennen.

BB. So wie Sie darüber sprechen, scheint es, dass Sie dieses Buch fasziniert hat.

ALF. Ja, zum Teil. Wenn man dieses Buch gelesen hat, hat man das Gefühl, alles über Esoterik zu wissen oder zumindest alles Notwendige.

BB. Wer waren die „Esoteriker“, die an diesem Verlagsabenteuer beteiligt waren?

ALF. Es war eine Partnerschaft, eine Art heterogener Initiationskreis, der den Namen „*Gruppo di Ur*“ (*Gruppe* von Ur) angenommen hatte. Der phonetische Ausdruck "OUR" in Chaldäisch und Runen bezeichnet das Feuer, den Stier oder den Widder. Wie wir wissen, war Ur auch der Name einer der abgelegensten Siedlungen im unteren Mesopotamien und ein Präfix der deutschen Sprache, das auf etwas Primitives hinweist. Diese Gruppe, die aus außergewöhnlichen Persönlichkeiten bestand, hatte ihr eigenes Presseorgan mit dem Titel „*UR*“ (später in „KRUR“ geändert), und es waren die Artikel dieser Zeitschrift, die in den drei Bänden der *Einführung*...

BB. Können Sie die Namen derer nennen, die dort geschrieben haben?

ALF. Die Liste ist lang und umfasst auch exzentrische Katholiken wie Guido De Giorgio, Nicola Moscardelli, Girolamo Comi; berühmte Anthroposophen wie Giovanni Colazza - einer der „direkten“ Schüler von Rudolf Steiner - Aniceto Del Massa , Arturo Onofri (der Dichter), Massimo Scaligero (der ältere Bruder von Paolo Virios Frau, Luciana); Freimaurer und Neopythagoräer wie Arturo Reghini und Giulio Parisi; heidnische Hermetiker wie Corallo Reginelli und Kremmerzianer wie Ercole Quadrelli. Sogar der berühmte italienische Psychoanalytiker – der Gründungsvater der italienischen Psychoanalyse – Emilio Servadio arbeitete an dem Buch mit. Und dann gab es natürlich noch den wichtigsten Moderator der Gruppe, neben Reghini, nämlich den berühmten Julius Evola .

BB. Eine gute Auswahl an Autoren, zweifellos! (lacht).

ALF. Unzweifelhaft (lacht). Man muss wissen, dass der noch junge, aber bereits kulturell sehr aktive Giovanni Battista Montini , der spätere Papst unter dem Namen Paul VI. , sich mit diesem "Spießrutenlauf" befasste und ein äußerst negatives Urteil abgab[44] . Leider wird aus diesem Urteil deutlich, wie wenig vertraut die Kirche von Rom und ihre "Doktoren" mit bestimmten Grenzthemen sind.

BB. Das wird sicher im Zusammenhang mit der christlichen Esoterik erwähnt werden. Ein weiterer wichtiger Schritt in Ihrer Esoterik-Leserreise?

---

[44] Die Kritik wurde in der Nr. 6 der katholischen Zeitschrift "Studium" (1928, S. 323-324) unter dem Titel "*Una nuova* rivista" ("Eine neue Zeitschrift") veröffentlicht.

*Gustav Meyrink*

ALF. Ich würde sagen, die Romane von Gustav Meyrink[45]: *Der Golem* (1915), *Das grüne Gesicht* (1916), *Walpurgisnacht. Phantastischer Roman* (1917), *Der weiße Dominikaner. Aus dem Tagebuch eines Unsichtbaren* (1921), *Der Engel vom westlichen Fenster* (1927). Es gäbe noch viel mehr über diese Bücher und ihren Autor zu sagen, aber ich möchte mich hier auf die Feststellung beschränken, dass dieser Wiener Schriftsteller besser als viele andere Autoren, Schriftsteller und Essayisten, die sich bis dahin mit Esoterik befasst hatten, die wesentlichsten Wahrheiten verstanden und, ich würde sagen, erraten hatte, indem er sie exakt und fast unverändert weitergab. Er übertrifft alle Launen und Marotten des Okkultismus des 19. Jahrhunderts. Kurz gesagt, Meyrink war für mich ein gutes Gegenmittel gegen die Verlockungen der falschen Esoterik. Zumindest sehe ich das so.

BB. Guénon, würde dem jedoch nicht zustimmen. Ich erinnere mich, dass er keine gute Meinung von diesem Schriftsteller hatte.

ALF. Ja, ich bin mir dessen bewusst. Ich erinnere mich, dies in seiner Korrespondenz mit Evola gelesen zu haben. Evola , wie bekannt, war ein großer Bewunderer von Meyrink und fast alle Übersetzungen der Bücher ins Italienische stammen von ihm.[46]

BB. Aber warum hatte Guénon einen so schlechten Eindruck davon?

ALF. Als Guénon Meyrink las – oder es zumindest versuchte, denn ich glaube nicht, dass er ein einziges Buch vollständig gelesen hat – hatte er einige Themen bereits weit hinter sich gelassen und verspürte nicht einmal mehr das Bedürfnis,

[45] Gustav Meyrink, Pseudonym von Gustav Meyer (Wien, 19. Januar 1868 – Starnberg, 4. Dezember 1932).

[46] Selbstverständlich sind heute auch andere Übersetzungen verfügbar.

sich damit zu befassen. Er lebte in klareren und kristallklaren spirituellen Atmosphären und es ist nicht zu leugnen, dass Meyrinks Bücher eine Menge beunruhigender Elemente enthalten. Außerdem möchte ich hinzufügen, dass Guénon sich nie für phantastische Geschichten und Fiktion im Allgemeinen interessiert hat. Er war intellektuell zu „geometrisch", um sich literarischen Träumereien hinzugeben, selbst wenn es nur zur Erholung war.

BB. Das ist in der Tat am wahrscheinlichsten. Apropos „Initiations-Romane", haben Sie die von Castaneda gelesen ?

ALF. Ja, drei oder vier Texte, wenn ich mich recht erinnere, aber ich muss gestehen, dass ich nie das geringste Interesse an diesem viel gepriesenen Autor gefunden habe. Ich betrachte ihn nicht als einen Schritt in meinem Studium. Ich weiß, dass er unter Esoterikern heutzutage sehr beliebt ist, aber ich persönlich habe ihn nie gemocht. Ich glaube, ich habe den Geruch des Betrugs schon den ersten Momenten gerochen. Dies ist natürlich nur meine Meinung.

BB. Es stellte sich heraus, dass ich aufgrund der Passagen, die ich in einigen seiner Texte gesehen hatte, nie dazu verpflichtet war, ihn zu lesen.

ALF. Abgesehen von Castaneda und der zugrunde liegenden redaktionellen Operation, muss ich zugeben, dass ich den Schamanismus immer als eine Unterkategorie der Esoterik betrachtet habe, eine wilde und primitive Form der Esoterik. Natürlich möchte ich nicht verallgemeinern und mein Urteil bezieht sich natürlich auf bestimmte Formen des Schamanismus und nicht auf den Schamanismus im Allgemeinen, dem ich natürlich auch „Adelstitel" zuerkenne, wie im Falle des sibirischen oder indianischen Schamanismus. Dennoch bin ich eher apollinisch als dionysisch gesinnt und habe Bachs Musik immer dem Tam Tam vorgezogen, wenn ich das so sagen darf, das zu karikaturistisch ist.

BB. Ich teile diesen Geschmack! Gibt es noch andere Autoren oder Bücher, die Sie in diesem kurzen Überblick über Ihre Lesegewohnheiten erwähnen möchten?

### *Goethe, Shakespeare, Dante*

ALF. Oh mein Gott, es gibt so viele. Vielleicht hatten Goethe und Shakespeare den größten Einfluss auf meine Ausbildung. Ich betrachte sie als wahre Großmeister der Esoterik und würde sie neben Dante Alighieri stellen. Ich denke, dass jeder, der die tiefste Vorstellung von Esoterik haben möchte, sie nicht ignorieren kann. Mit ihnen befinden wir uns auf der Ebene von Homer und Vergil, zwei weiteren wichtigen „Wegweisern" auf dem Initiationsweg für diejenigen, die sie verstehen können.

Man spricht in ihrem Fall von „vati"[47] und in Bezug auf ihre Werke von absoluter Literatur oder, wie mein Freund Alain Santacreu sagen würde, von „*Contrelittérature*" („Gegenliteratur"). Die Lehren, die man meiner Meinung nach aus ihren Werken ziehen kann, übertreffen bei weitem den ganzen pseudo-esoterischen Schrott, der in den letzten 200 Jahren produziert wurde. Und ich behaupte, dass jeder, der diese Autoren liest, früher oder später fast die gesamte esoterische Schundliteratur, die in den letzten zwei Jahrhunderten produziert wurde, in den Müll wirft. Kein Papus, kein Aleister Crowley wird sich jemals mit diesen Giganten messen können.

BB. Sind sie auch gute Scholastiker?

ALF. Meiner Meinung nach die besten aller Zeiten. Scholastiker mit der Gabe echter Intelligenz und Inspiration sowie außergewöhnlichen Talenten für visionäres Schreiben.

---

[47] Lateinisch *vatis*, griechisch *ouateis*, ist ein Wort gallischen Ursprungs, das einen Seher, einen Propheten, ein Orakel bezeichnet.

BB. Wir bewegen uns schnell auf den Abschluss dieses Interviews zu. Haben Sie noch andere „Bettlektüre", über die Sie sprechen möchten?

### *Mircea Eliade*

ALF. Ich möchte mit den Romanen von Mircea Eliade (1907-1986) schließen. Nach denen von Meyrink sind dies die Romane, denen ich am meisten verdanke, wenn es um mein Verständnis der Esoterik geht. Heute wird kaum noch darüber gesprochen und der Stern von Eliade , der einige Jahrzehnte lang am Firmament der „Esoteriker" leuchtete, scheint nun erloschen zu sein. Dennoch waren die Bücher dieses unglaublichen und produktiven Gelehrten ein wichtiger Schritt in meinem Verständnis von Mythos und Religion. Es waren gerade seine Romane, in denen Eliade sein Bestes gab. Ich habe sie eifrig gelesen und sie enthalten viele Schlüssel zum Verständnis der Esoterik, mit manchmal unerwarteten und überraschenden malerischen Einsprengseln. Es sind Bücher, die ich auch heute noch all jenen empfehlen würde, die sich ein nicht falsches und nicht irreführendes Bild von der Esoterik machen wollen, beginnend mit den Romanen *Die neunzehn Rosen* und *Das Geheimnis des Dr. Honigberger* und weiter mit *Hochzeit im Paradies*, *Der alte Mann und der Offizier*, *Verbotener Wald*, *Die Schlange*, *Un'altra giovinezza*[48]. Dies ist ein weiteres wirksames Gegenmittel gegen die Fallen der falschen Esoterik.

---

[48] Dieser nicht ins Deutsche übersetzte Roman aus dem Jahr 1976, *Tinerețe fără de tinerețe* (*Jugend ohne Jugend*, englisch, 1988) wurde von Francis Ford Coppola verfilmt, in der französischen Fassung des Films unter dem Titel *L'Homme sans âge (dt. Der Mann ohne Alter)*.

# Kapitel VII

# Esoterik und Mystik

*Ist Esoterik notwendigerweise von Natur aus mystisch? Ist ein mystisches Merkmal ein Kriterium, um zwischen verschiedenen Esoteriken zu unterscheiden oder gar eine Hierarchisierung zu ermöglichen? Dies sind Fragen, die gestellt werden mussten.*

BB. Muss alles, was mit Geheimnissen zu tun hat, wie z.B. ein esoterischer Ansatz, unbedingt mystisch sein?

***Mystisch...***

ALF. Es kommt darauf an, welche Bedeutung man dem Wort „Mystik" beimisst. Das italienische „*mistico*" – aber auch sein französisches Pendant „*mystique*" – leitet sich vom lateinischen *mystĭcus* ab, das wiederum vom altgriechischen *mystikós* abstammt, das verwendet wurde, um die Mysterien zu bezeichnen, die den Initiationskulten eigen waren, da *mýstēs* eben „Eingeweihter" bedeutete. Jahrhundert begann das Wort mit Erfahrungen und Tatsachen verbunden zu werden, die fast ausschließlich dem Bereich der Religion und des Glaubens zuzuordnen sind.

BB. So spricht man heute von „indischer Mystik", „islamischer Mystik", „buddhistischer Mystik", etc.

ALF. Das ist richtig, auch wenn die Gefahr besteht, dass die verschiedenen religiösen Erfahrungen nivelliert werden, als ob sie identisch wären. Sagen wir also, dass im allgemeinen Sprachgebrauch, wenn von Mystikern oder Mystizismus die Rede ist, niemand an den Eingeweihten denkt, sondern jeder sofort an den religiösen Heiligenschein und seine Ekstasen.

### *... oder Mystizismus?*

BB. Es ist hilfreich, zwischen Mystik und Mystizismus zu unterscheiden. Mystizismus ist ein neues Wort und somit ein neuer Begriff. Es erscheint in der französischen Sprache erst 1804 unter Benjamin Constant und charakterisiert gut den wissenschaftlichen Ansatz, alles, was mehr oder weniger mit Mystik zu tun hat, unter einem einzigen Begriff zusammenzufassen, mit dem großen Risiko der Heterogenität und Verwirrung.

ALF. Das ist die Nivellierung, auf die ich mich bezog. Daher die verschiedenen Klassifizierungen, die von verschiedenen Gelehrten der religiösen Traditionen vorgeschlagen wurden. Beispielsweise sprach ein Historiker der indischen Philosophie wie Surendranath Dasgupta, der Mircea Eliades Lehrer für Sanskrit und Yoga war, vom Opfermystizismus (oder vedischen Mystizismus), dem Mystizismus der *Upaniṣad*, des Yoga-Mystizismus, des Andachtsmystizismus (*Bhakti*) und des volkstümlichen Andachtsmystizismus sowie des Mystizismus des Absoluten, in Bezug auf die verschiedenen Wege und Mittel zur Erreichung der spirituellen Verwirklichung. Alles hängt davon ab, dass man festlegt, was sozusagen das Objekt der mystischen Erfahrung ist.

BB. Diese Klassifizierungen laufen letztlich auf eine Konzeptualisierung von etwas hinaus, das mysteriös und unaussprechlich bleibt. Die mystischen Phänomene und die Erfahrung der göttlichen Unendlichkeit selbst können nicht auf ein Studienmaterial reduziert werden.

ALF. Darüber hinaus ist das, was in der christlichen Mystik erlebt wird, nicht notwendigerweise identisch mit dem, was in nicht-christlichen Traditionen erlebt wird. Wir sprechen immer von etwas, das über die Diskursivität des Denkens hinausgeht, aber sicherlich hat unsere christliche Mystik oder das, was wir die trinitarische Mystik nennen, nicht viel mit der „Befreiung" der Hindus oder der buddhistischen

„Erleuchtung“ zu tun, aber ich bin mir nicht sicher, inwieweit dies wirklich der Fall ist.

### *Spontane Mystik*

BB. Ebenfalls im Rahmen der vergleichenden Religionsstudien wurde auch von einer „spontanen Mystik“ gesprochen, d.h. einer Mystik, der keine Initiation (durch einen Lehrer oder eine religiöse Schule) vorausging oder die durch eine bestimmte Meditationsmethode oder nach dem Erlernen einer bestimmten Doktrin erreicht wurde. Dies ist eine Mystik, die auch durch einen „Blitz“ oder durch eine Art „Auserwählung“ erreicht werden kann.

ALF. Ja, aber in diesem weiten Bereich der Mystik und den vielen Formen, die sie annehmen kann, sollten wir vielleicht auf das Wort „Mysterium“ zurückkommen, das die mögliche Verbindung zwischen Esoterik und Mystik verdeutlichen könnte.

### *Mysterium, Esoterik und Religion*

In der katholischen Theologie ist ein Mysterium die Wahrheit, die die Vernunft weder erreichen, noch verstehen oder beweisen kann und die im Wesentlichen eine Angelegenheit des Glaubens ist. Dies sind die Mysterien des Glaubens, wie die heiligmachende Wirkung der Sakramente oder die Mariengeheimnisse usw. Aber die Beziehung zwischen Esoterik und Mysterien scheint in mancher Hinsicht viel enger zu sein. Das Wort Esoterik ist fast ein Synonym für das Wort Mysterium, während es für das Wort Religion nicht gleichbedeutend ist. In diesem Sinne könnte man sogar so weit gehen zu sagen, dass Esoterik für das Mysterium das ist, was Religion für Mystik ist, und dass das Mysterium für die Initiation das ist, was die Mystik für die Religion ist.

BB. Es sei denn, Sie verwechseln das Mysterium mit dem Geheimnis...

ALF. ... oder die Mystik mit der psychischen, sogar psychotischen Erfahrung.

BB. Das Mysterium, so erinnerte François Chenique , ist keinesfalls das Unverständliche, sondern nur das Unaussprechliche, das Unsagbare, das Unbeschreibliche.

ALF. Ja, wir müssen versuchen, den Wörtern ihre Wahrheit zurückzugeben, und dazu müssen wir sie einen aufsteigenden Weg zurücklegen lassen. Wenn man bei den gängigen Bedeutungen stehen bleibt, würde man das Beste in den Wörtern verpassen

BB. Und ist diese aufsteigende Route nicht der esoterische Weg?

ALF. Aber natürlich! Wenn man es recht bedenkt, haben die größten spekulativen Geister aller Zeiten, sowohl im Osten als auch im Westen, von Platon bis Cusain, von Śaṅkara bis Nāgārjuna, immer ein präzises, detailliertes und stets hohes Vokabular verwendet. Thomas von Aquin in seiner *Summa Theologica* lehrte uns, alle Worte der Evangelien zu interpretieren, indem sie auf ihre wahrste und authentischste Bedeutung zurückgeführt werden. Der große Dominikaner hatte verstanden, dass die Begriffe der Heiligen Schrift – einschließlich der Punkte und Kommas! – eine entscheidende Bedeutung für das Verständnis des Glaubens haben.

BB. Unter den Philosophen des 20. Jahrhunderts ist Heidegger vielleicht derjenige, der den Etymologien das größte Gewicht beigemessen hat. Ich denke zum Beispiel an seine sehr korrekte Behandlung des griechischen Begriffs „*aletheia*", den er mit „Beseitigung der Verdunkelung" oder „Enthüllung" übersetzt. Dieses privative *Alpha* nimmt dem Geheimnis die Wahrheit – „*lanthano*", „ich bin unsichtbar, ich bin verborgen"[49] – und macht fast das genaue Gegenteil davon aus.

---

[49] Im Deutschen mit "*verborgen sein*" *übersetzt.*

ALF. Das ist die Idee: die Wahrheit als Offensichtlichkeit und das Mysterium als Verheimlichung. Übrigens ist das griechische Wort „*mystérion*" mit dem Verb „*mýein*" verbunden: „schließen, verriegeln" und verweist auf *mythos*: stumm. Das Mysterium bleibt so lange bestehen, bis es durchdrungen wird. Wenn es durchdrungen ist, wird es zur Wahrheit. Es ist diese *Enthüllung*, die wir als „mystische Erfahrung" definiert haben, obwohl das Wort „Erfahrung" nicht die Vorstellung von etwas vermittelt, das von innen (*ab intra*) kommt, sondern eher von außen (*ad extra*).

BB. Sollte man also sagen, dass die Esoterik das Mysterium bewahrt, wo die Religion es zeigt? Ich denke da an das immense Werk der Kirchenväter und Theologen.

ALF. Esoterik und Religion versuchen beide, das Mysterium zu bewahren, jedoch auf unterschiedliche Weise. In der Theologie wird das Wort „Mysterium" häufig verwendet: „Mysterium des Glaubens", „sakramentales Mysterium", „Mysterium der Heiligen Dreifaltigkeit", „Mysterium der Erlösung", etc. Die Esoterik ist eher mit dem „Mysterium" vertraut, d.h. mit Inhalten oder Erfahrungen, die man aus gutem Grund nicht preisgeben möchte, um Missverständnisse und Verwirrung der Pläne zu vermeiden; im Wesentlichen ist es das Wort des Evangeliums: „Werft die Perlen nicht vor die Säue" (Mt VII, 6).

Manchmal erklären esoterische Lehren, die wir natürlich aus den Büchern kennen, die über sie berichten, viel mehr als das, was die Religion den Gläubigen erklärt. Die Religion scheint, zumindest in der Geschichte, den Gläubigen an der Schwelle des Mysteriums zurückzulassen oder ihm sogar den Weg zu versperren und ihn nicht hineinzulassen; die Esoterik hingegen versperrt dem Laien den Weg, öffnet aber den Eingeweihten die Türen.

BB. Und was ist mit der Mystik?

ALF. Mystik ist – zumindest für das Christentum – in der Tat ein Überschreiten der Schwelle, aber, sagen wir, ohne dass es genehmigt wurde. Aus diesem Grund werden Mystiker von der religiösen Orthodoxie fast immer mit einem wachsamen Argwohn betrachtet. Erworbene oder „offenbarte" Wahrheiten sind in den meisten Fällen „persönlich" und daher nicht übertragbar.

BB. Kann man sagen, dass der Mystiker fast ohne Absicht durch eine besondere Gnade, die in ihm wirkt, in das Mysterium eintritt? Sollte man Guénon wirklich die Passivität der mystischen Zustände, die er anprangert, zugestehen?

ALF. In der Tat, eher nicht. Wenn es „Passivität" gibt, sprechen wir nicht von Abulie oder Trägheit, sondern von einem klaren Bewusstsein der eigenen Nichtigkeit, einer vertrauensvollen Hingabe , einer frommen Unterwerfung, einem weisen Verzicht, einer erhabenen Unterwerfung... Nennen wir es eher Demut oder „nicht handelndes Handeln", um einen Ausdruck aus dem chinesischen Taoismus zu verwenden.

BB. Kommen wir auf die Verbindung zwischen Esoterik und Mystik zurück!

### *Esoterik und Mystik*

ALF. Zunächst würde ich sagen, dass die beiden Begriffe zu semantischen Bereichen gehören, die nicht genau entgegengesetzt, aber doch sehr unterschiedlich sind.

BB. Ja, aber beziehen sie sich nicht immer auf die gleiche Erfahrung: die Erfahrung eines Etwas, einer Qualität, die sich jenseits von uns selbst befindet, „jenseits des Schleiers der Maya", wie die Hindus sagen würden. Zu sagen, dass der esoterische Ansatz einen mystischen Charakter hat, verleiht der Esoterik meiner Meinung nach ihre Würde und bringt sie zurück in den Bereich des authentisch Heiligen oder, wie Guénon sagen würde, „in die Spur der Tradition".

ALF. Ja, dem kann ich sicherlich zustimmen. Schließlich könnte man auch von mystischer Esoterik und esoterischer Mystik sprechen, um den Abstand zur magischen Esoterik und falschen Esoterik zu verdeutlichen.

BB. Und wo würden Sie den Konvergenzpunkt zwischen einem Mystiker und einem Esoteriker sehen?

ALF. Ich würde sagen, es liegt in der Anstrengung jedes Einzelnen, das Zufällige zu eliminieren und das Wesentliche zu erreichen. Daher gibt es keinen Unterschied mehr zwischen einem echten Mystiker und einem echten Esoteriker, sondern nur noch eine Identität.

BB. René Guénon verneinte jedoch diese Identität und betonte die Unterschiede in der Perspektive. Für ihn hat sich der Mystiker noch nicht vollständig von der Individualität befreit, während der „Esoteriker" dies bereits getan hat.

ALF. In Wirklichkeit sah Guénon einen historischen Bruch in der Zeit um die Renaissance. Das Wort Mystik bekam eine neue Bedeutung, im Wesentlichen religiös und daher für ihn „exoterisch", während seine Bedeutung zuvor mit den Traditionen des Mysteriums und daher mit der Initiation verbunden war. Diese neue Mystik war sein Ziel. Er betrachtete sie als eine Form der Erniedrigung und der Aufgabe der vollen Spiritualität. In dieser Hinsicht lag er nicht ganz falsch.

BB. Das heißt, er hatte ein wenig Recht?

ALF. Ja, ich stimme dieser Meinung zu, da die wahre Spiritualität gerade durch die Veränderung des historischen Klimas qualitativ etwas verloren hat und sozusagen „subjektiviert" wurde (daher die Individualität, von der sich der Mystiker nicht befreien kann). Es genügt, die Texte der großen Mystiker des Christentums bis zum 16. Jahrhundert zu lesen und sie mit den umfangreichen Texten des 19. Jahrhunderts zu vergleichen, um einige nicht unerhebliche Unterschiede festzustellen. Insbesondere die Sprache des Mystikers hat sich verändert: von unaussprechlich, kühn und absolut zu emotional, morbide und sentimental.

BB. Dies bleibt eine etwas karikaturistische Diskontinuität, die sehr stark mit den Besonderheiten einer bestimmten Mystik des 19. Jahrhunderts verbunden ist.

ALF. Ja, zweifellos, und man sollte nie verallgemeinern. In jeder Epoche gab es Ausnahmen, die die Regel bestätigten. Ich denke zum Beispiel an eine große Heilige wie Therese vom Kinde Jesu und vom Heiligen Antlitz, die bis nach Asien geliebt und verehrt wird. Und sie ist nicht die einzige!

BB. Wenn wir uns nun mit der Beziehung zwischen Mystik und Initiation beschäftigen, was würden Sie sagen?

### *Mystik oder Initiation?*

ALF. Dann… kann man vielleicht sagen, dass Mystik eine Form der Initiationserfahrung ist, aber dann, wenn die Initiationsriten und -praktiken abgeschafft, annulliert wurden.

BB. Die „indirekten" Gnaden werden durch eine direkte, theophanische Gnade ausgelöscht.

ALF. Genau, auch wenn einige eher von „kulturellen Moden" sprachen, die Neuauflagen des Mythos sein können. Dies ist das, was beispielsweise der Mythologe Károly Kerényi (1897-1973) sagte: die mythologische Maschine ist immer am Werk. Aus meiner Sicht ist „die Maschine" jedoch kein *Deus ex machina*, sondern ein großzügiger und vorausschauender Gott, obwohl diese Definition wenig oder gar nicht esoterisch ist.

BB. Wir haben auf jeden Fall die Beziehung zwischen Mystik und Esoterik geklärt und erkannt, dass wahre Esoterik notwendigerweise einen mystischen Charakter hat. Wie würden Sie dieses Interview beenden?

ALF. In der Hoffnung, niemanden zu schockieren, möchte ich sagen, dass meiner Meinung nach wahre Esoterik immer religiös ist, und wenn sie es nicht ist, handelt es sich nicht um Esoterik. Die vertikale Dimension des Religiösen ist meiner bescheidenen Meinung nach für die wahre Esoterik von wesentlicher Bedeutung.

## Kapitel VIII

# Jüdische Esoterik

*Viele Esoteriken sind mit einer bestimmten Religion verbunden. Die Originalität jeder Tradition erfordert, dass die jeweilige Esoterik separat besprochen wird. Die Brücken oder Einflüsse zwischen den Religionen - wie z.B. die christliche Kabbala - sind dann eher eine Frage der Geschichte als der Esoterik an sich.*

BB. Was können Sie über die jüdische Esoterik sagen?

ALF. Zunächst einmal, dass es viel Literatur zu diesem Thema gibt, ich würde sagen, vielleicht sogar zu viel.

BB. Was bedeutet das?

ALF. Wenn eine esoterische Tradition zu sehr in der Öffentlichkeit steht, bedeutet dies oft, dass sie sich in der Endphase der Erschöpfung ihrer ursprünglichen Dynamik oder sogar in einer Phase der Abweichung befindet.

BB. Wir werden wahrscheinlich in späteren Gesprächen auf diese Phänomene der "Abweichungen" zurückkommen... ich schlage vor, dass wir mit dem Ursprung beginnen.

### *Vom Ursprung: Merkavah*

ALF. Hier haben wir wieder ein Problem, da das, was allgemein als „jüdische Esoterik" bezeichnet wird, fast ausschließlich mit der Kabbala identifiziert wird, die eher im 12·

BB. Ist das nicht ein wenig hart, um eine erleuchtete und geniale, mystische und spekulative Konzeption zu beschreiben?

ALF. Ich stimme dem sicherlich zu, dass nur sehr raffinierte Köpfe ein so komplexes und kohärentes System konstruieren konnten. Die Frage ist jedoch, ob diese außergewöhnliche spekulative Konstruktion Wurzeln im ältesten Judentum hat oder nicht und ob diese Wurzeln sofort aus dem Boden wuchsen oder ob sie für 1.500 Jahre verborgen blieben.

BB. Gibt es „historische" Elemente, die Hinweise liefern könnten?

ALF. Es ist die Mystik der *Merkavah*, die auch als „Mystik des Wagens" bezeichnet wird.

Das hebräische Wort *merkavah*, das im Französischen mit „Wagen" und im Italienischen auch mit „biga"[50] übersetzt wird, leitet sich von der Konsonantenwurzel r-k-b ab, mit der Bedeutung „aufsteigen". Die meisten Hinweise finden sich in dem berühmten Buch des Propheten Ezechiel, das auf das 6. Jahrhundert v. Chr. zurückgeht.

BB. Wie meinen Sie das?

ALF. Weil eine bestimmte pseudowissenschaftliche Literatur, die als „aläoastronautik" bekannt ist, behauptete, dass Hesekiel von Außerirdischen entführt wurde und dass die „Vision des Wagens" eine Reise in einem Raumschiff war![51]

BB. Es ist immer wieder erstaunlich, wie grotesk manche Dinge von Zeitgenossen neu interpretiert werden können!

ALF. Genau das ist es! Während der „Streitwagen" lediglich das Prestige und die Vorherrschaft symbolisierte, die die Herrscher in der Antike genossen. Der „Streitwagen" war in der Tat ein Zeichen der Macht, das demjenigen, der ihn fuhr, eine klare Überlegenheit, auch im Kampf, verlieh. Dann wird all dies auf eine höhere Ebene übertragen und der Wagen des Königs wird zum himmlischen Wagen Gottes, dem feurigen Wagen, einem himmlischen Fahrzeug, das die „göttliche Herrlichkeit" symbolisiert. Hesekiel beschreibt ihn als einen

---

[50] Die *Biga* ist eine typisch italienische Technik zur Zubereitung von Teig (Ciabatta, Pizza) durch Vorgärung mit Bierhefe.

[51] Die Referenz sind hier vor allem die Bücher des Schweizer Mythographen und Ufologen Erich von Däniken (1935-).

Wagen mit glänzenden Rädern, die sich bewegen, aber er nennt ihn nie wirklich einen „Wagen".

BB. Und dann wurde all dies schließlich durch einen esoterischen Schlüssel interpretiert?

### *Dolmetschen*

ALF. Das ist richtig. Es geschah etwa im 3. bis 4. Jahrhundert n. Chr., aber genauer kann man es nicht sagen. Es steht nicht alles in der Bibel, da diese Lehren ziemlich vertraulich waren und nur wenige Menschen Zugang dazu hatten. Diejenigen, die schrieben, zensierten sich also selbst, wenn sie von bestimmten Lehren wussten.

BB. Wenn man sich auf die jüdische Esoterik bezieht, muss man daher berücksichtigen, dass die Literatur, die sich damit befasst, nur ein Spiegelbild davon ist.

ALF. Natürlich, und wie immer, meiner Meinung nach.

BB. Und was ist der versteckte Teil?

ALF. In der initiatischen Erfahrung selbst. Die Doktrin ist nur eine Unterstützung, sozusagen ein Echo dessen, was der Eingeweihte erlebt hat und des Grades der Intensität und Durchdringung der erlebten und erfahrenen Realitäten.

BB. Was können wir anhand der uns vorliegenden Texte über diese Initiationserfahrungen sagen?

ALF. Diese Texte beschreiben „Reisen ins Jenseits" – Guénon soll von einer Art Durchquerung und Teilnahme an verschiedenen Zuständen des Seins gesprochen haben –, bei denen der Initiierte den "himmlischen Wagen" betrachtet, der dann nicht mehr nur sein Fahrzeug ist, sondern als Repräsentant Gottes zum eigentlichen Ziel des Initiationsweges wird.

BB. Der Archetyp der nächtlichen Reise der Sonne...

ALF. Genau das ist es! Was wir heute als „Naturphänomene" bezeichnen, war für die Alten symbolisch etwas ganz anderes. Die Natur, die sich den Blicken der Alten bot, war voller Gott(e). Daher war es immer noch möglich, ihre

Schönheit als etwas Göttliches zu betrachten. Es wurden ständig Analogien zwischen oben und unten, zwischen Himmel und Erde, zwischen Metakosmos, Makrokosmos und Mikrokosmos entwickelt. Die Entdeckung dieser Analogien war die Grundlage für die Entstehung vieler Esoterikrichtungen.

BB. Esoterik, die sich auf eine philosophische oder imaginative Spekulation reduziert...

ALF. In gewisser Weise ist die rein spekulative Esoterik der „Fall" oder die Übersetzung in begriffliche Begriffe eines reflektierenden, imaginativen, kognitiven und kontemplativen Aktes. Die Gesamtheit dieser beiden Dinge kann als „heilige Wissenschaft" bezeichnet werden, da alles in der Natur auf seine übernatürlichen und heiligen Wurzeln zurückzuführen ist.

BB. Die „Hochzeit" von Immanenz und Transzendenz könnte man in philosophischen Begriffen sagen.

ALF. Warum nicht? Wenn wir auf unsere jüdische Esoterik und ihre „Anfänge" bei uns in Form der „Wagenmystik" zurückkommen, können wir nicht umhin, Elemente aus anderen Traditionen zu erkennen.

BB. „Darlehen" oder eher „Anleihen"...

ALF. Manchmal vielleicht, aber normalerweise nicht. Die Idee des „Leihens" suggeriert ein „copy and paste", um es in der modernen Sprache auszudrücken, aber wir sprechen hier von universellen Symbolen, die überall klingen und sich überall manifestieren, ohne dass jemand sie von irgendwoher importieren muss. Auch wenn Jung in meinem Himmel kein Heiliger ist und seine Theorien, wie Titus Burckhardt sagte, vielleicht noch mehr Schaden angerichtet haben als der Freudismus, so hat er doch verstanden, dass die Symbole anderswo (für ihn im Unbewussten) liegen und sich überall mit starken Analogien und Symmetrien manifestieren. Es gibt daher keinen Grund, irgendetwas rückzudatieren, sondern vielmehr von einem ursprünglichen Modell zu sprechen, das allen

Traditionen und Esoteriken gemeinsam ist. Es muss jedoch betont werden, dass sich dieses Muster im Himmel und nicht auf der Erde befindet; es ist zeitlos.

BB. Die *Tradition* ist nicht „zeitlos“ und kann daher nicht als ursprüngliche *Tradition* bezeichnet werden

ALF. Wenn mit „ursprünglich“ ein Anfang, ein Ursprung in der Zeit gemeint ist, dann natürlich nicht. Daher die Verwirrung einiger, die diesen "Zustand" in die Vorgeschichte verlegen und aus Adam eine Art geisterleuchteten Höhlenmenschen machen (lacht). Und alle Mutmaßungen über einen angeblichen geographischen Ort des irdischen Paradieses sind immer von dieser falschen Vorstellung abgeleitet worden. Ich weiß nicht, ob Guénon für diesen Unsinn verantwortlich ist, denn soweit ich weiß, sprach er darüber in zeitlosen Begriffen und allenfalls mit Verweisen auf die heilige Geographie.

BB. Dies ist ein wichtiges Thema, auf das wir sicherlich noch zurückkommen werden. In welchen anderen Traditionen findet sich diese „Mystik des Wagens“?

ALF. Es gibt unzählige Referenzen, erwähnen wir zum Beispiel das hinduistische *vimāna*, ein Begriff, der, wie uns die Linguisten sagen, eine beträchtliche Affinität zum hebräischen *merkavah* hat. „*Vimāna*“ bedeutet sowohl „Wagen der Götter“, „Schiff“ und „Palast“, im Sinne eines heiligen Gebäudes, eines Tempels, mit dem architektonischen Bezug zum „himmlischen Palast“, der auch im hebräischen Begriff enthalten ist.

BB. Und wann kommen wir zur Kabbala? (lacht)

### *Aus der Kabbala*

ALF. Ich war gerade dabei (lacht). Die Kabbala, die offiziell aus dem Mittelalter stammt, ist in der Tat, wie ich versucht habe zu erklären, nur ein zweiter Schritt in der jüdischen Esoterik, sagen wir eine Neuauflage davon, die lediglich die

Themen der „Reise ins Unbekannte“, die die „Mystik des Wagens“ so gut symbolisch beschrieben hat, vertieft und weiterentwickelt hat.[52]

BB. Der Begriff „Kabbala“ selbst scheint diesem historischen Verständnis Recht zu geben.

ALF. Kabbalah, Kabbala, Qabalah, *qabbālāh* – man kann es gleichgültig auf diese vier Arten sagen – bedeutet wörtlich „Empfang“, „Tradition“. Es ist also klar, dass wir uns auf etwas beziehen, das nicht erfunden, sondern empfangen wurde. Die Frage ist nun: Von wem empfangen und weitergegeben? Ich denke, wir müssen uns eine mündliche Tradition vorstellen, die über die Jahrhunderte hinweg fortgeführt wurde – selbst Historiker können dies nicht ausschließen –, zumal viele Stellen in der Bibel darauf hindeuten, dass sie bereits seit der Zeit der Abfassung der Heiligen Schrift existierte. Jeder spricht von diesen „mündlichen Überlieferungen“, sogar Platon , und es gibt wirklich keinen Grund, an ihrer Existenz zu zweifeln.

BB. Das ist das klassische Muster, das Sie beschrieben haben: „Mündliche Überlieferungen“ erhalten schließlich eine äußere „Deckung“, d.h. sie werden schließlich niedergeschrieben.

ALF. Genau.

BB. Nach dieser Vorstellung, die auch ich für richtig halte, dass die Ursprünge der Kabbala in der Nacht der Zeiten

---

[52] In Bezug auf die Merkavah geben wir hier wieder, was uns von einer Freundin, die eine bessere Kennerin des jüdischen Glaubens ist, mitgeteilt wurde: „*Ma'assé Merkavah* ist eine Tradition, die nicht wirklich okkult ist, sondern nur für erfahrene Leute, die tatsächlich mit dem Schöpfungsbericht verbunden ist, aber auch in einigen (chassidischen) Traditionen stellt *Merkavah* die drei Patriarchen (Abraham, Isaak und Jakob) dar, Jeder verkörpert eine der drei Sephiroth *Hochmah*, *Binah*, *Tipheret* als Teil der „Arbeit an der Verwirklichung der Erlösung“, die jedem guten Juden obliegt, da jeder Akt des Gehorsams gegenüber dem Gesetz Gottes ihn zu Seiner Ehre zu einem „Wagen“ macht.

liegen, bedeutet dies im Wesentlichen, dass sie auf Adam zurückgehen. Aber was sagen die Gelehrten zu den sogenannten „ausländischen“ Einflüssen?

ALF. Zu den bekanntesten und wichtigsten Gelehrten gehören auch heute noch Gershom Scholem (1897-1982) und, was noch wichtiger ist, Moshe Idel (1947). Ohne Elemente exogenen Ursprungs auszuschließen, vertritt Idel die Ansicht, dass es eine starke jüdische Matrix gibt, die sich in einigen grundlegenden Doktrinen niederschlägt, wie z.B. Spekulationen über göttliche Namen, das doppelte Prinzip von Barmherzigkeit und Strenge, Messianismus, etc.

BB. Was hat die Kabbala der „Mystik des Wagens“ hinzugefügt?

ALF. Ohne zu sehr verallgemeinern oder vereinfachen zu wollen, würde ich sagen, dass es sich hauptsächlich um kosmogonische Aspekte handelt, d.h. um das Thema des Ursprungs des Universums und auch dessen, was es anstrebt, viel mehr als um kosmologische Aspekte, die sich ebenfalls mit dem Universum befassen, jedoch mit Bezug auf Raum, Zeit und Materie. Die „Mystik des Wagens“ war mystisch, theosophisch und daher vollständig esoterisch und metaphysisch, während die Kabbala eher spekulativ und mystériosophisch ist.

BB. Können Sie es anders ausdrücken?

ALF. Ich würde vereinfacht sagen, dass die Kabbala eine „Wissenschaft“ ist, eine „heilige Wissenschaft“ zwar, aber dennoch eine Wissenschaft. Ihr gesamter Diskurs über die Mystik der Zahlen und Buchstaben, die im Grunde ihr Herzstück ist, wird mit der typischen Strenge einer Geisteshaltung oder einer mentalen Struktur geführt, die gleichzeitig mathematisch und logisch ist. Und alle Komplikationen, die sich daraus ergeben und die nur ein „Eingeweihter“ bewältigen kann, sind der Beweis dafür.

BB. Würden Sie sagen, dass alle Spekulationen über Engel, göttliche Namen, eschatologische Prophezeiungen usw. ebenfalls *ordine geometrico*[53] behandelt werden?

ALF. Manchmal, aber nicht immer! Hier sollte man vielleicht daran erinnern, dass es unzählige Quellen für die Kabbala gibt, auch wenn es nur zwei absolute Referenztexte gibt: *Sepher Yezirah* („Buch der Schöpfung“) und *Sepher ha-Zohar* („Buch der Pracht“), die – vor allem letzteres – die Sammlung und „Summe“ der mittelalterlichen kabbalistischen Lehren darstellen.

Obwohl es Übersetzungen dieser Bücher gibt, ist es meiner Meinung nach sehr schwierig für jeden, sich mit ihnen zu befassen. Diese Texte erklären die allegorischen und anagogischen Aspekte der Tora, aber ohne Jude zu sein und ohne Hebräisch zu können, kann es selbst für einen unserer Bibelwissenschaftler und *erst recht* für einen Nicht-Experten schwierig sein, damit umzugehen.

## *Die kabbalistische Methode*

BB. Und vom theoretischen Aspekt zum „praktischen“ Aspekt!

ALF. In der Tat! Darüber hinaus kann der praktische Aspekt sicherlich nicht ohne einen Führer, einen Meister oder die Hilfe eines Experten erreicht werden. Und selbst dann ist die vorgeschlagene Arbeit so umfangreich, dass ein ganzes Leben wahrscheinlich nicht ausreichen würde.

BB. Wie würden Sie die kabbalistische Methode beschreiben?

ALF. Die Kabbala nimmt eine Vielzahl von Kräften in der Selbsthingabe der Gottheit an, die in den verschiedenen

---

[53] „Der geometrischen Ordnung folgend“: deduktive Demonstrationen, die dem Modus der mathematischen Demonstration nachempfunden sind.

göttlichen Namen wie den zehn Sephiroth[54] ausgedrückt werden. Sephiroth ist im Hebräischen der Plural von sephirah der hebräischen Verbalwurzel SPR (zählen) und hieraus leitet sich die übliche Bedeutung von „aufzählen" ab, die auch mit „Emanation" wiedergegeben wird. In Wirklichkeit sind es die schöpferischen Kräfte des *En Sof*, die sich auf den vier Ebenen (*Atsilut*, *Beriyah*, *Yetzirah*, *Assiyah*)[55] wiederfinden und miteinander kommunizieren.

BB. Wie verträgt sich dieses Konzept mit der für das Judentum sehr starken Idee der „Einheit Gottes"?

ALF. In Wirklichkeit bleibt die höchste Einheit Gottes erhalten, aber es ist eine Einheit, die sowohl immanent als auch transzendent ist. Gott „ergießt" sich in die Welt und in die Dinge, aber ohne dass es in ihm Veränderungen gibt, die seine Einheit gefährden. Ihre Bücher über Metaphysik beleuchten diese Aspekte des Göttlichen sehr gut...

BB. Bleiben wir bei diesen zehn Sephiroth. Warum zehn?

ALF. Weil zehn die Zahl der Gesamtheit ist. So war es bei den Pythagoräern und es ist kein Zufall, dass sie auch in der Bibel die Zahl der göttlichen Gebote ist. Ich erwähne nur die Numerologie der Kabbala, da dies zu weit führen würde und eine spezielle Studie erfordern würde, die meines Wissens noch nicht durchgeführt wurde.[56]

BB. Beziehen Sie sich auf Gematria?

---

[54] Siehe Anhang A.

[55] Die vier Welten oder Ebenen der Existenz: *Atsilut* = die Welt der Emanation, des göttlichen Gedankens; *Briya* = die Welt der Schöpfung, der Seelen, der getrennten Wesenheiten; *Yezirah* = die Welt der Formung, der Engel; Assiya = die Welt der Handlung, der physischen Existenz, die am weitesten von der Emanation des göttlichen Lichts entfernt ist.

[56] Meines Wissens ist einer der wenigen Texte, die das Thema aus akademischer Sicht behandeln, der von Kieren Barry, *The Greek Qabalah: Alphabetic Mysticism and Numerology in the Ancient World*, Weiser, 1999.

ALF. Das ist richtig. Hebräischen oder sogar aramäischen Wörtern werden numerische Werte zugewiesen, die auf eine Beziehung zwischen den beiden hinweisen. Diese Methoden sind jedoch sehr ausgeklügelt und ohne mathematische Kenntnisse schwer zu erklären.

BB. Diese Zahlen sind jedoch für die Interpretation der Schrift wesentlich....

ALF. Ich würde sogar sagen, dass sie von entscheidender Bedeutung sind. Vielleicht sei hier nur daran erinnert, dass die kabbalistische Methode der Schriftauslegung von den christlichen Kirchenvätern übernommen und vor allem im Mittelalter weiterentwickelt wurde.

BB. Beziehen Sie sich auf die wörtliche, allegorische, tropologische (oder moralische) und anagogische Methode[57] der „vier Sinne"?

ALF. Ja, genau das ist es! Die „wörtliche" Bedeutung entspricht dem hebräischen *pechat* („einfach"), die erste Bedeutung, die mit einfachen Überlegungen erreicht werden kann; die „allegorische" Bedeutung entspricht *remèz* („Anspielungen"); die „tropologische" Bedeutung entspricht *derash* („Darlegung"), die die eigentliche Exegese darstellt; und schließlich entspricht die „anagogische" Bedeutung *sod* („Geheimnis"). Mit letzterem dringt man in die göttliche Weisheit (*Hokhmah*) ein, die in den Schriften verborgen ist. Dies ist die mystische Bedeutung, die „Weisheit der esoterischen Tradition".

BB. Diese vier Sinne entsprechen auch den vier grundlegenden Stufen der Realität.

ALF. Das ist richtig. Von unten nach oben oder von der Erde zum Himmel: *Olam ha-Asiyah* (die „Welt der Tatsachen"), *Olam ha-Yetsirah* (die „Welt der Bildung"), *Olam ha-*

---

[57] Anagogisch bedeutet (Kraft oder Macht der) Erhebung.

*Beriyah* (die „Welt der Schöpfung") und *Olam ha-Atsiluth* (die „Welt der Emanation").

BB. Es wird deutlich, wie komplex diese Interpretationen für jeden sind, der nicht durch Kultur und Tradition daran beteiligt ist. Was ist historisch gesehen aus dieser Weisheit geworden?

## *Lurianische Kabbala, Frankismus, Sabbatismus*

ALF. Jahrhundert wurden in der Provence, in Deutschland und in Spanien wichtige Schulen gegründet, die sich zu Zentren der Verbreitung der Kabbala entwickelten. Nach und nach wurden jedoch die spekulativen und mutmaßlichen Aspekte komplexer und traten an die Stelle der „mystischen" und „esoterischen" Aspekte, so dass wir im 15. und 16. Jahrhundert mit charismatischen, aber in mancher Hinsicht auch fragwürdigen und umstrittenen Persönlichkeiten konfrontiert werden. Dies gilt für Isaac Louria (1534-1572) und Sabbatai Tsevi (1626-1676), beide Türken, durch die die Kabbala einen neuen Verlauf nahm.

BB. Was die Esoterik betrifft, war es ein Fall oder ein Gewinn?

ALF. Was die Lurianische Kabbala betrifft, die die Grundlage des polnischen Chassidismus von Ba'al Shēm Ṭōv (1698-1760) im 18. Jahrhundert bildete, so war dies mehr als ein Gewinn und verlieh ihr eine neue Form von mehr spiritueller Ordnung im weitesten Sinne und mehr religiöser als esoterischer oder initiatischer Natur. Ich persönlich habe große Sympathie für diese Bewegung, die so viele gute Menschen inspiriert hat und die im Laufe der Zeit auch hervorragende spirituelle Früchte hervorgebracht hat; ich hätte kein Problem damit, sie in vielerlei Hinsicht als evangelikal zu bezeichnen. In Bezug auf Sabbatai Tsevi – der unter anderem zum Islam konvertierte und von den Juden als Ketzer betrachtet wird – vermute ich eine Umkehrung der Polarität und somit einen

Sündenfall. In diesem Fall haben wir es mit einer intelligenten Form des Gnostizismus zu tun, mit paradoxen Elementen, die sogar gefährlich für die spirituelle Einheit der Person sind. Dasselbe gilt für die Lehren eines Jacob Joseph Frank (1726-1791).

BB. Glauben Sie nicht, dass es ein Fehler ist, den Frankismus und Sabbatismus in die „jüdische Esoterik" einzuführen? Schließlich waren die wahren Kabbalisten die anderen. Warum sprechen wir von Häretikern?

ALF. In esoterischen Studien über die Kabbala werden diese beiden Figuren oft ins Spiel gebracht, und es war gut, den ernsthaften Studenten vor der geringen Qualität ihrer Interpretationen zu warnen. Die Existenz dieser Figuren erklärt unter anderem, warum einige dazu neigen, Esoterik mit Häresie zu verwechseln.

BB. Ich denke, das ist eine gute Sache. Möchten Sie noch etwas hinzufügen?

ALF. Abschließend möchte ich sagen, dass die jüdische Esoterik eine der komplexesten ist, die es zu studieren und zu verstehen gibt, und dass diese Komplexität auch auf ihre stark religiöse Konnotation zurückzuführen ist. Damit meine ich, dass es sich nicht um reine Esoterik handelt, sondern um etwas dazwischen, eine Meso-Esoterik.

## Kapitel IX

# Muslimische Esoterik

*Der Sufismus ist als die esoterische „Seite" des Islams bekannt. Aber ist er die einzige islamische Esoterik? Besteht der Sufismus selbst nur aus einem einzigen Zweig? Aldo La Fata dürfte hier eine spannende Perspektive bieten.*

BB. Bietet der Islam, der nach dem Judentum und dem Christentum entstand, eine spezifische Esoterik?

***Über die arabische Sprache und ibn 'Arabī***

ALF. Zunächst einmal gibt es, wie jeder weiß, viele verschiedene Islams, auch wenn man normalerweise bei der Erwähnung dieser Religion sofort an die arabische Welt denkt. Sicherlich ist Arabisch die liturgische Sprache der Muslime und ihr heiliges Buch, der Koran, ist in der Tat auf Arabisch geschrieben. Aber die arabische Sprache war und ist eine Sprache der christlichen Bevölkerung und die arabische Schrift selbst war eine Erfindung der Christen. Andererseits ist das Arabische mit dem Aramäischen verwandt, der Sprache, in der wahrscheinlich Jesus selbst gesprochen hat.

BB. Warum ist diese Prämisse über die arabische Sprache so wichtig für das Thema, über das wir sprechen? Wie ist die Beziehung zwischen der arabischen Sprache und der islamischen Esoterik?

ALF. Es ist so, dass *'Ilm al-ḥurūf*, oder *risālat al-hurūf*, die Wissenschaft der Buchstaben, eine grundlegende Rolle spielt. Ibn 'Arabī (1165-1240) - der bedeutendste Meister der islamischen Esoterik, den man nach meiner persönlichen

Klassifizierung als „Scholastiker“, aber auch als „Vater“ der Esoterik bezeichnen kann – schrieb viele Seiten über das Thema in seiner berühmten Abhandlung *al-Futūḥāt al-makkiyya*, „Die Erleuchtungen von Mekka“ (1203-1240). Und, Achtung: Dieser Gelehrte war arabisch-andalusisch.

BB. Ibn ʿArabī wird jedoch von der islamischen Orthodoxie nicht sehr hoch angesehen…

ALF. In Wirklichkeit haben nur die Mitglieder der wahhabitischen Sekte Saudi-Arabiens eine sehr kritische Haltung ihm gegenüber, aber auf der Ebene des Volkes ist 'Arabī sehr beliebt. Kurz gesagt, es sind nur die „Fundamentalisten“ und „Modernisten“, die ihn kritisieren und ich würde sagen: „Aus gutem Grund!“. Es sind diejenigen, die umstritten sind und diejenigen, die von der richtigen Doktrin und dem richtigen Weg abweichen, und sicherlich nicht die Bewunderer des großen Mystikers, die in der Mehrheit sind.

BB. Würden Sie sagen, dass Ibn ʿArabī der Ursprung der islamischen Esoterik ist oder war er nur ein Teil davon?

ALF. Auch er, vier Jahrhunderte nach der Hedschra, ist ein „Ring in der Kette“, d.h. er hat Vorläufer. Als Intellektueller, Gelehrter und Schriftsteller der Esoterik ist er jedoch wahrscheinlich einer der Größten aller Zeiten.

## *Frauen in der islamischen Esoterik*

Ich möchte hier die Gelegenheit nutzen, um ein Klischee über den Islam zu entlarven, demzufolge Frauen eine marginale Rolle spielen. Dies ist keineswegs der Fall. Frauen spielen in den Schriften von ʿArabī eine wichtige Rolle. Und nicht nur das! Nach seinem eigenen Zeugnis wurde er von einer jungen iranischen Frau namens Nizham eingeweiht, deren Name „Harmonie“ bedeutet (offensichtlich ein Name für eine Initiation). Und dann war da noch seine enge Beziehung zu Fatima bint al-Muthanna, einer andalusischen Sufi, deren Grad der spirituellen Erhebung er bewunderte.

BB. Kann man sagen, dass es auch eine weibliche Strömung der Esoterik im Islam gibt?

ALF. Das ist wohl wahr. Ich denke auch an die große Gestalt von Rabia al-Adawiyya (713/718-v. 801), eine Mystikerin, die die reine Liebe feierte und die den „Damen der Nächstenliebe" des heiligen Vinzenz von Paul um Jahrhunderte voraus war .

BB. Wie wichtig ist also das weibliche Element in der islamischen Esoterik?

ALF. Jeder authentischen Esoterik, ob anthropologisch oder metaphysisch gesprochen, darf es an nichts fehlen. Der weibliche Pol muss die gleiche Bedeutung wie der männliche Pol haben, und dies scheint mir in der Geschichte der islamischen Esoterik sehr offensichtlich zu sein.

BB. Es ist klar, dass die Suche nach Gott, sofern sie authentisch ist, natürlich keine Geschlechterdiskriminierung kennt.

ALF. Ja, lassen Sie es uns so sagen! (lacht). Wenn in der Esoterik das männliche Element überwiegt, ist definitiv etwas nicht in Ordnung. Das ist ein echtes Diskriminierungskriterium.

BB. Ja, das ist richtig. Bisher haben wir über islamische Esoterik gesprochen, aber noch nicht über Sufismus.

### *Islamische Mystik, Sufismus oder islamische Esoterik?*

ALF. Normalerweise neigen wir dazu, die islamische Mystik mit dem Sufismus und der Esoterik im Allgemeinen zu identifizieren, als ob es sich um ein und dieselbe Sache handeln würde, obwohl dies in Wirklichkeit überhaupt nicht der Fall ist. Sie können ähnliche Ziele verfolgen, aber die Mittel sind unterschiedlich. Es scheint jedoch sicher zu sein, dass das Wort von der „Wolleabgeleitet" ist, aus der die weiße Tunika der christlichen Mönche hergestellt wurde.

BB. Der Sufismus entstand also als eine Form der Nachahmung der christlichen Mönche?

ALF. Der Sufi ist eine Art Wettbewerb um die Perfektion. Wenn dies der Fall wäre, müsste man jedoch anerkennen, dass der Sufismus mit einem religiösen Exklusivismus befleckt wurde, d.h. mit dem Anspruch, einer spirituellen Familie anzugehören, die anderen überlegen ist. Dies würde zu einer konfessionell und ethnisch geprägten Esoterik führen, also zu einer verminderten Esoterik.

BB. Und glauben Sie, dass dies der Fall ist?

ALF. Esoterik, als eine Form der „Erkenntnis und Liebe Gottes", muss eine Bestätigung der Brüderlichkeit gegenüber allen Menschen ohne Unterschied sein. Meiner Meinung nach hat die islamische Esoterik, wo sie formell ihren religiösen Exklusivismus betont hat, *de facto* ihr Mandat verraten und ihre initiatorische Natur verleugnet. Und unter bestimmten Umständen ist dies tatsächlich geschehen.

BB. Dieser Umstand half jedoch, die Esoterik vor Verfolgung zu schützen und sie innerhalb der Grenzen der religiösen Orthodoxie zu halten.

ALF. Dies ist wahr, vor allem dank der Arbeit von Abu Ḥamid al-Ghazālī (1058-1111), der, ich würde sagen, effektiv versuchte, die „mystischen" Exzesse zu „mäßigen" und die Esoterik in den Schoß des koranischen Lehramts zurückzubringen.

BB. Und al-Ḥallāj (v. 857-922) hat ihn eher herausgeholt! (lacht).

ALF. „Der Verrückte von Khurasan"! (lacht). In der Tat ist diese Figur, der der große Islamwissenschaftler Louis Massignon fast sein gesamtes literarisches Schaffen widmete, derjenige, der am meisten mit der religiösen Orthodoxie brach und schließlich isoliert wurde. Er verkündete die Doktrin des *fanā'*: die Vernichtung des Egos im Göttlichen, was für viele fromme Geister ein Ärgernis war.

BB. Betrachten Sie ihn als Esoteriker?

ALF. Er war ein guter Kenner der Lehren, die er von überall her, auch aus Indien, übernommen hatte. Ich würde ihn jedoch eher als einen synkretistischen Mystiker bezeichnen, der jedoch ein großes Charisma besaß. Er hatte viele Anhänger und sein Wort wurde weitergegeben, aber ich kann nicht sagen, wie viele seiner Lehren ihn überlebt haben. Die Hinrichtungen und Folterungen, denen er zum Opfer fielen, die Geißelungen und Amputationen beinhalteten und ihn unserem Jesus sehr ähnlich machen, waren eher politischer als religiöser Natur.

BB. Seine Geschichte war ein echter Wendepunkt.

ALF. Absolut, nach seiner Verurteilung ging der Sufismus einen vorsichtigeren Weg.

BB. Können Sie bitte klarstellen, ob Sufismus und islamische Esoterik das Gleiche sind?

ALF. Sagen wir einfach, dass sich ihre Geschichten oft kreuzten und manchmal so sehr miteinander verwoben waren, dass sie untrennbar wurden. Wenn wir Esoterik nicht als Philosophie, Doktrin oder Synkretismus betrachten, sondern als die Essenz der Doktrin, dann kann diese Essenz auch durch ihr eigenes Medium erreicht werden. Das Mandat der Esoterik – natürlich auch der islamischen Esoterik – ist es, die Essenz, den Kern einer Doktrin zu erfassen, nicht nur durch symbolische und damit anagogische Exegese, sondern auch durch einen Prozess der Identifikation, eine wahre und eigene Assimilation der göttlichen Wahrheit. Je näher wir uns dieser Wahrheit nähern, desto mehr befinden wir uns im Einflussbereich der Esoterik.

BB. Ein großer Mystiker kann daher auch als ein großer Eingeweihter betrachtet werden.

ALF. Ja und nein. Was das Ziel betrifft, ja, aber die Mittel sind unterschiedlich. Für den Islam ist Gott alles und die Kreatur muss vor ihm verblassen. Der Esoteriker erreicht dies nicht durch einen religiösen oder mystischen Weg, sondern durch die Betrachtung der Wunder der Natur und des Kosmos auf einer hierarchischen Skala, die das Sichtbare und das Unsichtbare einschließt. Aus diesem Grund ist meine Vorstellung von Esoterik – und ich betone, dass es sich hierbei um eine Perspektive handelt, die weder wissenschaftlichen noch historischen Charakter hat –, der große Meister der islamischen Esoterik oder, wie seine Schüler es nannten, *al-shaykh al-akbar* („der größte Meister"), ist Ibn ʿArabī , mehr als es al-Ghazālī oder al-Ḥallāj waren.

### *Duodezimanischer Schiismus*

BB. Was ist mit der duodezimanischen Schia?

ALF. Dort treffen wir auf eine wunderbare Schule mit vielen Anknüpfungspunkten zum Christentum.

BB. Und eine große Persönlichkeit repräsentiert diese Schule!

ALF. Sicherlich: Suhrawardī (1155-1191)! Sein Name bedeutet „Einwohner von Sohrevard" oder „derjenige, der aus Sohrevard kommt". In seinem Denken klingen Elemente aus dem zoroastrischen, platonischen und islamischen, jüdisch-christlichen und sogar hinduistischen Erbe an. Es scheint also ein Synkretismus zu sein, aber ein sehr aufgeklärter Synkretismus, also in gewisser Weise eine vollwertige Esoterik. Henry Corbin (1903-1978) hat viel zu diesem Thema geschrieben und es ist gut, diejenigen, die mehr wissen möchten, auf seine Bücher zu verweisen.

BB. Wie würden Sie die Lehre dieses Meisters zusammenfassen?

ALF. Suhrawardī hatte das Thema einer „Physiologie des Menschen" des Lichts entwickelt. Wie wir sehen werden, war dies jedoch nicht nur eine „Doktrin" oder eine abstruse Philosophie. Hinter dieser „Lehre" steht eine sehr reiche Symbolik, eine Erfahrung mit dem Licht. Kurz gesagt, die Esoterik taucht in ihrer anthropologischen, kosmischen und göttlichen Dimension wieder auf.

BB. Suhrawardī ist also auch ein „Vater" der Esoterik, nicht wahr?

ALF. Vater und Scholastik, ja. Und dann muss man auch als dritten strahlenden Pol die oft vergessene Figur von Ḥaydar Āmolī (1320-1387 oder 1408) festhalten, der ebenfalls aus dem Iran stammte und Autor zahlreicher Texte war. Auch bei ihm gibt es eine Verbindung zwischen der islamischen Doktrin und der theosophischen Weisheit der alten Perser. Viele imamitische Sufi-Bruderschaften sind auf ihn zurückzuführen.

BB. Würden Sie sagen, dass diese „Bruderschaften", diese Bruderschaften esoterische Organisationen sind?

ALF. Sagen wir im 12. Jahrhundert, ja. Aber in Wirklichkeit war die Bruderschaft der Weg, den die islamische Orthodoxie für die Reglementierung der Esoterik vorgesehen hatte. Als die Zahl der Anwärter zu groß wurde, entstand das Bedürfnis nach einer Regel und einer Hierarchie. Daraus entstand der arabische Begriff *tarīqa* (Plural *turuq*), der „Weg", „Pfad" bedeutet. Schließlich richtete jede Bruderschaft ihre eigene „Initiationskette" (*silsila*) ein, um möglichst viele Anhänger zu gewinnen.

BB. Sie sprechen darüber, als ob es ein Verrat an der Esoterik wäre.

ALF. Das ist richtig. Meine Aussage ist natürlich keine Kritik, sondern lediglich eine Beobachtung des institutionellen Charakters dieser Form der Esoterik. Dieser Charakter hat auch zu Fanatismus unter den Anhängern der Bruderschaften selbst geführt. Und wie ich sicherlich schon mehrmals gesagt habe, hat Fanatismus nichts mit Esoterik zu tun. Zweitens muss man anerkennen, dass die kultischen Praktiken und Verpflichtungen sowie der spirituelle Weg selbst viele gute Früchte innerhalb dieser Orden hervorbringen. Es gibt keine Diskussion darüber.

## *Praktiken*

BB. Was sind diese Praktiken?

ALF. *Dhikr* ist die wichtigste und am weitesten verbreitete Praxis und besteht aus der ständigen Wiederholung bestimmter kurzer Gebete, die sowohl einzeln als auch gemeinsam gesprochen und von Körperbewegungen begleitet werden. Dann gibt es noch das Hören des gesungenen Korans, mystischer Gedichte oder Musik, mit oder ohne Tanz.

BB. Dies bringt uns zu Rūmī und den wirbelnden Derwischen.

ALF. Absolut; und es ist sehr schade, dass die Derwische auf ein folkloristisches, theatralisches Phänomen reduziert wurden und Rūmī zu einem trivialen literarischen Phänomen geworden ist. In beiden gibt es eine echte Esoterik. Für beide ist die Realität ein Symbol, das es zu betrachten gilt, sie ist die wahre Realität.

BB. Gibt es einen Text von Rūmī, den Sie empfehlen möchten?

ALF. Sicherlich das persische Gedicht „*Masnavī*", besser bekannt als *Masnavī-yi Ma'navī* („Geistiges *Masnavī*")[58]. Es ist ein Werk, das als „Koran in persischer Sprache" definiert wurde und dessen Ausgaben in fast allen Sprachen zu finden sind.

BB. Es gäbe sicherlich noch viel mehr hinzuzufügen, aber wir sollten dieses Gespräch an dieser Stelle beenden.

[58] Sechs Bücher mit 424 allegorischen Geschichten über den Zustand des Menschen auf der Suche nach Gott.

# Kapitel X

# Christliche Esoterik

*Da Europa seit zwei Jahrtausenden christlich geprägt ist, gibt es eine Fülle von Esoterikrichtungen. Wie kann man sich einen Weg durch sie bahnen und sowohl ihre Vielfalt als auch ihre mögliche Einheit verstehen? Es gibt Unterschiede zwischen katholischer und orthodoxer Esoterik, aber ist eine protestantische Esoterik überhaupt möglich? Dies sind nur einige der Fragen, die Aldo La Fata zu beantworten hatte.*

BB. Die erste Frage, die ich Ihnen stellen möchte, lautet: Gab es wirklich eine christliche Esoterik oder ist das ein „wiederkäuender Hase“[59] ? (lacht).

### *Christliche Esoterik oder Gnostizismus?*

ALF. (lacht) Ich möchte Zoccatelli nicht verleugnen, der ein seriöser Wissenschaftler ist, den ich respektiere und dem wir wirklich grundlegende historische Studien über den großen christlichen Symbolisten und Ikonographen Louis Charbonneau-Lassay (1871-1946) verdanken, aber in der Tat ist der Hase ein Wiederkäuer, wenn auch ein atypischer. Und dann erlaube ich mir zu antworten, dass es eine christliche Esoterik gab und vielleicht immer noch gibt, wenn auch eine atypische.

BB. Atypisch in welchem Sinne?

---

[59] In Bezug auf die Arbeiten von Zoccatelli, italienischer Soziologe und Essayist, stellvertretender Direktor des Zentrums für Studien über neue Religionen in Turin: *Le Lièvre qui rumine. Rund um René Guénon , Louis Charbonneau-Lassay und die Bruderschaft des Paraklet* (Archè Milano, 1999).

ALF. Erstens, weil sie historisch schwieriger zu identifizieren ist und zweitens, weil die katholische Kirche sie als Ketzerei betrachtet.

BB. Beziehen Sie sich auf den „christlichen Gnostizismus"?

ALF. Ja, genau das ist es. Wir haben bereits darüber gesprochen, aber ich möchte hier noch einmal betonen, dass der Gnostizismus, insofern er mit der Kirche konkurrierte, weder *de jure* noch *de facto* jemals Esoterik war. Esoterik ist keine andere Religion, Pseudo-Religion oder Gegen-Religion. Echte Esoterik hat es sich nie zum Ziel gesetzt, sich einer traditionellen Religion zu widersetzen, auch nicht dialektisch. Kurz gesagt, die Esoterik war niemals eine Sekte oder, theoretisch gesehen, eine Ideologie. Diese Dinge sind das genaue Gegenteil von Esoterik.

BB. D.h., dass die Katharer, Albigenser, Bogomilen, Paulianer, Arianer, Manichäer usw. keine esoterischen Organisationen sind?

ALF. Absolut nicht! Aber, wie man so schön sagt, ich möchte das Kind nicht mit dem Bade ausschütten. In all diesen Bewegungen gab es zweifellos esoterische Aspekte, die jedoch aus ihrem ursprünglichen Kontext herausgelöst und mit irreführenden Elementen aus den verschiedensten Quellen vermischt wurden. All dies kann man sicherlich als religiösen Synkretismus bezeichnen.

### *Synkretismus*

BB. Synkretismus war eine Modeerscheinung und es scheint, dass sie nie ganz verschwunden ist....

ALF. Das ist wahr! Unser guter Gelehrter Elemire Zolla hat ihn gepriesen und in seinen Büchern fast ein Manifest daraus gemacht, aber mein Eindruck ist, dass der Synkretismus sich nicht sehr vom Dogmatismus unterscheidet, wenn er sich radikalisiert, und dass sein esoterischer oder mystischer

Relativismus sich nicht sehr vom fideistischen oder rationalistischen Relativismus unterscheidet. Es ist ein *Melting Pot*, d.h. ein „Kessel", dessen Ergebnis die Koexistenz von Elementen ist, die so unterschiedlich sind, dass am Ende das eine das andere aufhebt. Die Tatsache, dass jemand von all dem profitiert, sogar spirituell, bedeutet nicht, dass es an sich gut ist.

BB. Ich verstehe, was Sie meinen. Können Sie historische Beispiele für religiöse Synkretismen im Christentum nennen, abgesehen von den bereits erwähnten Gnostizismen aller Art?

ALF. Ganz bestimmt! Der Meister dieser synkretistischen oder synkretistischen Esoterik war zweifelsohne Pico de la Mirandola (1463-1494). In diesem authentischen Renaissance-Genie flossen Orphismus, Pythagorismus, Chaldäismus, Hermetik, Neuplatonismus usw. zu einem Ganzen zusammen. Das Endergebnis war jedoch, dass nur sehr wenig vom Christentum übrigblieb. Diese Entleerung des christlichen Elements, die mit seiner Reduzierung von Esoterik auf Magie einherging, die als *„scientia naturalis"*[60] geschmuggelt wurde, war beunruhigend. Selbst der Hinweis auf das „Geheimnis" hatte bei ihm eine zweideutige Konnotation. Dennoch bleibt er ein Riese und es wird allgemein angenommen, dass er als Christ gestorben ist. Ich möchte daher keinesfalls seine Arbeit oder sein Denken kritisieren, sondern lediglich klarstellen, dass Pico della Mirandola niemals die christliche Esoterik repräsentierte.

### *Ein essenischer Jesus?*

BB. Gehen wir also direkt in die *Medias res*[61]. Was halten Sie von der Hypothese, dass Jesus ein Essener war?

---

[60] Er war ein Schüler des Philosophen und Okkultisten Marcile Ficino (1433-1499).

[61] „In der Mitte der Sache (im Zentrum des Streits)" (Horace , *Ars poetica,* V. 148).

ALF. Diese Hypothese eines Jesus als „großer Eingeweihter“ wurde im 19. Jahrhundert von Édouard Schuré (1841-1929) aufgestellt. Später, vor allem nach den berühmten archäologischen Entdeckungen der Qumran-Stätte, begann die Hypothese eines essenischen Jesus sich zu verbreiten. Die Essener erinnerten sich an die Pythagoräer und auch an die *Thiasoi*, oder kultischen Einheiten der orphischen Mysterien. Es wird auch von einer verwandten Gemeinschaft gesprochen, den Therapeuten[62] und jemand schlug sogar die Hypothese einer Ableitung vom *Theravāda-Buddhismus* vor, der auch *Theraputra* oder *Theraputta* genannt wird, ein Wort, das dem Wort Therapeutik offenbar ähnlich ist.[63]

BB. Sind diese Annahmen glaubwürdig?

ALF. Es gibt viele unterstützende Dokumente, einschließlich historischer und dokumentarischer, aber es scheint mir nicht, dass es etwas Sicheres gibt. Es gibt zweifellos eine Affinität zwischen den Lehren Jesu und denen, die von diesen Bruderschaften gefördert werden, aber von einer Ableitung oder einer tatsächlichen Abstammung zu sprechen, ist eine Hypothese, die von den meisten Gelehrten, auch nicht-christlichen, abgelehnt wird. Jesus könnte zu einem bestimmten Zeitpunkt in irgendeiner Weise mit diesen esoterischen Organisationen verbunden gewesen sein, und wenn dies der Fall war, hat er sich von ihnen entfernt.

BB. Immerhin waren die Essener und die Therapeuten Initiationsorganisationen, nicht wahr?

---

[62] Es war Philo von Alexandria, der diese hellenisierte jüdische Sekte mit den Essenern in Verbindung brachte (*vgl.* sein *De Vita Contemplativa*).

[63] *Vgl.* Pier Tulip, *Gesù. Ein solarer Mythos. Esegesi allegorica dei Vangeli* („Jesus, ein Sonnenmythos, allegorische Exegese der Evangelien“), Formamentis Verlag, 2019. Der Autor greift die Thesen des Historikers Henry Hart Milman (1768-1868) auf, der davon überzeugt war, dass die Therapeuten aus den „kontemplativen und trägen Bruderschaften“ Indiens hervorgegangen waren.

ALF. Ja, das waren sie sicherlich, aber wahrscheinlich bereits von Fehlern aller Art durchdrungen, wie z.B. übertriebener Eifer, der, wie ich bereits sagte, eine sehr unesoterische Haltung und ein Indikator für spirituelle Unreife ist. Ebenso waren die abweichenden Esoteriker, die von Jesus so sehr angegriffen wurden: die Pharisäer.

BB. Halten Sie die Pharisäer für Esoteriker?

ALF. Natürlich ist es das. *Perushim* (griechisch *pharisàioi*) bedeutet im Hebräischen „getrennt". Sie waren die extremen Bewahrer des mosaischen Gesetzes. Dies war bereits ein Exzess, und dann wurden sie korrumpiert, indem sie dem *Sanhedrin*, einer Art jüdischem Senat, angehörten. So wurden sie zu einer „Machtgruppe". Daher die Pfeile, die Jesus auf sie abfeuerte.

BB. Das ist es, was Sie sagten, Sektenwesen in all seinen Formen ist die Verneinung der Esoterik.

ALF. Schlimmer noch als die Verneinung! Ich würde sagen, es ist die *Umkehrung* der Esoterik.

BB. Ich habe eine Frage: Welche Verbindung sehen Sie zwischen der Figur des Jesus und der Esoterik?

## *Jesus und die Esoterik*

ALF. Jesus ist ein Wendepunkt, der die Linie zwischen einem Vorher und einem Nachher markiert. Vor Jesus vermittelte die Esoterik die Reinheit der Lehre, die Verbindung zu den höchsten spirituellen Realitäten und die Wege, diese zu erreichen. Nach Jesus durchlief die Esoterik einen Prozess des vertikalen Falls, des Zusammenbruchs, des Verlusts des Zentrums, aber auch der Wiedergeburt zu einem neuen Leben. Ein neues Leben übrigens, das, wenn es gegeben wurde, immer in Christus und niemals außerhalb oder gegen ihn gegeben wurde. Das ist die höchste Unterscheidung. Eine Esoterik, die den *Logos* nicht erkennt oder ihn mit dem *Logoi* verwechselt, ist eine falsche Esoterik. Wer das *Logoi* versteht und zum *Logos* aufsteigt, ist die wahre Esoterik.

BB. Natürlich ist dieser *Logos*, von dem Sie sprechen, Christus , das Wort Gottes, das Mensch geworden ist.

ALF. Natürlich ist es das! Die Kirche neigt jedoch dazu, sie auf ihren Identitätshorizont zu beschränken, während die esoterische Perspektive sie in einem weiteren Horizont sieht. Die göttliche Dimension kann durch nichts eingegrenzt werden, nicht einmal durch die Religion, und die Aufgabe der Religion ist es vielmehr, den Menschen die Werkzeuge zu geben, um weiterzugehen. Aus diesem Grund wurde sie nicht gegründet, um die Menschen einzusperren, sondern um sie aus den Gefängnissen zu befreien.

BB. Besteht nicht die Gefahr, dass diese Rede die Religion und die Religionen relativiert?

ALF. Das Gegenteil ist der Fall! Religion wird nur relativiert, wenn sie als eine schöne, verschlossene Truhe betrachtet wird. Wir wissen, dass die Truhe unschätzbare Schätze enthält, aber wir werden daran gehindert, sie zu nutzen. Ich glaube, dass die Kirche mit dem Zweiten Vatikanischen Konzil alle Christen aufgefordert hat, diese Truhe weit zu öffnen, um ihre Schätze zu genießen. Und aus diesem Grund können wir heute frei über die christliche Esoterik sprechen, ohne ernsthafte Disziplinarstrafen zu riskieren oder als Ketzer zu gelten.

BB. Ich möchte nicht aufdringlich erscheinen (lacht), aber Sie haben immer noch keine klaren Hinweise gegeben, wo die christliche Esoterik angesiedelt ist.

ALF. Ich habe keinen gegeben, weil diese christliche Esoterik keinen bestimmten Ort hat! (lacht). Ich scherze, aber nicht so sehr. Ich möchte nicht zu zurückhaltend erscheinen, aber in der Tat haben wir es hier mit etwas zu tun, das sehr schwer zu fassen ist. Was uns an Hinweisen fehlt, ist, wie die Engländer sagen würden, die *Smoking Gun*.

BB. Was können Sie dazu sagen?

ALF. Ich sagte, dass Jesus kein „großer Eingeweihter" war, aber auf die Gefahr hin, dass ich mich scheinbar selbst widerspreche, werde ich sagen, dass Jesus auch der größte Eingeweihte in der gesamten bekannten Geschichte war. Ich nehme ihm nicht nur keine der Qualitäten, die die Kirche ihm zuschreibt, sondern füge diese hinzu. Und da man sich nach der Schule des Pythagoras (lacht) nicht scheut, noch mehr hinzuzufügen, sage ich, dass Jesus sogar der Pol der Esoterik und der Einweihung ist.

BB. Ein Esoteriker *a deo* und *ex nihilo*, ohne Verbindung zu einer esoterischen Tradition.

ALF. Da er der Pole war, brauchte er keine. Er wurde jedoch von dem Baptisten getauft, so dass er eine Initiation erhielt.

BB. Es war sogar eine Theophanie.[64]

ALF. Das ist wahr! Aber es gab auch die „Darstellung im Tempel" (*vgl.* Lk II, 22-23), wenn er dem Herrn gemäß dem jüdischen Gesetz (Levitikus 12, Exodus XIII, 12-15) geweiht wird. Die Wahrheit ist, dass keine Einweihung exklusiv ist. Daher können Einweihungen problemlos hinzugefügt werden. Wie Sie wissen, kann man Sufi und Freimaurer zur gleichen Zeit sein! (lacht). Ich meine, Jesus kann als Eingeweihter betrachtet werden, und was zum Beispiel an Pfingsten geschah, konnte nur geschehen, weil Jesus der Pol aller Einweihungen war.

BB. Hier ist die Schatztruhe! Sie sehen also im frühen Christentum einen echten Initiationscharakter. Aber ist dieser Charakter dann verloren gegangen, wie Guénon es zum Beispiel gerne hätte?

---

[64] „Der Himmel öffnete sich, und der Heilige Geist kam auf ihn herab in leiblicher Gestalt, wie eine Taube, und vom Himmel her ertönte eine Stimme: 'Du bist mein geliebter Sohn, an dir habe ich Wohlgefallen'" (Lk III, 22).

ALF. Sagen wir, sie ist verborgen. Um Christus versammelten sich nicht nur die sogenannten „Volksmassen", sondern auch die Lieblingsjünger wie S. Petrus, S. Jakobus und S. Aposteln. Johannes, die „geheimen Jünger" wie Nikodemus, Joseph von Arimathia, Lazarus und die Schwestern usw., die man in konzentrischen Kreisen anordnen kann.

BB. Ich wette, Sie zählen die Kirche des Johannes nicht mit! (lacht).

ALF. Wenn ich von einer Kirche des Johannes sprechen würde, die den Protestanten so sehr am Herzen liegt, einer unsichtbaren Kirche, die parallel zur sichtbaren Kirche des Petrus steht, würden Sie zu Recht lachen oder lächeln, aber ich würde nicht von dieser „geheimen Struktur" sprechen, von diesem *Geheimdienst* oder Geheimdienst im Dienste Seiner Majestät Jesus-Christus (lacht). Nein, ich würde stattdessen über Johannes als „den, den der Herr liebte" (Joh XIII, 23; XIX, 26; XX, 2; XXI, 7, 20) und die Tatsache sprechen, dass Jesus in Gleichnissen sprach – wobei die Erklärung der Gleichnisse privat stattfand: „Euch ist es gegeben, die Geheimnisse des Reiches Gottes zu erkennen, aber anderen werden sie in Gleichnissen dargestellt, damit sie sehen, ohne zu sehen, und hören, ohne zu hören" (Lk VIII, 10).

## *Esoterik* und *Exoterik*

BB. Das ist richtig, aber es gibt ebenso viele Stellen in den Evangelien, die eine christliche Offenbarung „für alle" zeigen, was manche als „Exoterik" bezeichnen würden.

ALF. Auch das ist richtig. Eine gute Erklärung finden Sie bei Pavel Aleksandrovič Florenskij (1882-1937), einer der bedeutendsten und überraschendsten Figuren des russischen religiösen Denkens. In seinem Meisterwerk: *La colonne et le fondement de la vérité (essai de théodicée orthodoxe en douze lettres)* [Die Säule und das Fundament der Wahrheit (orthodoxer Versuch einer Theodizee in zwölf Briefen)] aus dem Jahr 1914

(Lausanne: L'Âge d'Homme, 1975) stellt er fest, dass Exoterik und Esoterik im innersten christlichen Leben vereinbar sind, und nur dort.

BB. Wie auch Jean Borella gezeigt hat, bedeutet dies, dass im Christentum Esoterik und Exoterik untrennbar miteinander verbunden sind.

ALF. So kann man es in der Tat sehen. Exoterik könnte eine Art Prüfstand sein, der, wenn er voll ausgelebt wird, den Zugang zu einer höheren Bewusstseinsebene ermöglicht. Es gäbe also keinen Grund, zwei Kirchen oder zwei komplementäre Wege zu postulieren, sondern nur eine einzige, innerhalb derer man den ganzen Weg bis zum höchsten Ziel gehen kann.

BB. Warum gab es dann explizite christliche Esoterik, deren historische Existenz unbestreitbar ist? Wie kann dieser Widerspruch aufgelöst werden?

ALF. Ich glaube, dass die christliche Esoterik nie als solche etabliert werden musste, sondern sich in Form von religiöser Exoterik manifestierte. Der religiöse Exoterismus war sich dessen bis zu einem bestimmten historischen Zeitpunkt bewusst, vergaß es dann aber bis zu dem Punkt, an dem er es ablehnte und verleugnete. Ich denke dabei an die Formulierung von Silvano Panunzio (1918-2010): Exoterik als Esoterik der Esoterik. Da die christliche Esoterik keinen institutionellen Charakter hat, kann sie immer wieder auftauchen, da ihre Existenz durch die Beziehung zwischen Zentrum und Peripherie, durch die hierarchische und philarchische Beziehung ihrer Mitglieder, die nicht in linearer Abfolge, sondern in sich überschneidenden und dynamischen konzentrischen Kreisen organisiert sind, garantiert wird.

### *Christliche Esoterik und Freimaurerei*

BB. Das ist sehr überzeugend. Aber wie erklären Sie dann die Templer, die Liebestreuen, die Gesellenvereinigung, die

Freimaurerei und die Beziehungen, die der Klerus selbst zu solchen Organisationen aufbaute?

ALF. Diese Organisationen hatten die Aufgabe, die wahre Esoterik zu ergänzen und zu unterstützen. Jeder, der in den Wirkungsbereich dieser Organisationen gelangt ist und zu einem bestimmten Zeitpunkt oder sogar am Ende eines sehr komplexen Initiationsweges kooptiert und angegliedert wurde, kehrt dann zur Einfachheit des Glaubens zurück, aber er kehrt verändert zu ihm zurück.

BB. Diese Organisationen stellen also keinen Umweg auf der Straße dar?

ALF. Nur wenn sie für sich selbst betrachtet werden, als autonome und von der traditionellen Religion unabhängige Organisationen. Ihr Aussterben hängt mit ihrer behaupteten Autonomie und ihrer Ansteckung durch die Macht zusammen, ähnlich wie es den Pharisäern erging. Dies erklärt das tragische Ende der Templer und erklärt auch das Verschwinden der Rosenkreuzer oder ihre „Flucht" in den Orient. Für die Freimaurerei und die Gesellenbewegung war es der Übergang von der operativen zur spekulativen Tätigkeit, der ihnen zum Verhängnis wurde

BB. Sollten wir also all diese christlichen Esoterismen in Verruf bringen?

ALF. Sicherlich nicht, aber was ist heute noch von diesen Organisationen übrig? Kaum mehr als nichts; Überbleibsel, von denen man sich besser distanziert. Einige Symbole und Lehren sind jedoch immer noch vorhanden und jeder, der sich dessen bewusst ist, kann auf die eine oder andere Weise davon profitieren. Von der Freimaurerei kann man zum Beispiel sagen, dass sie eine Arche von Symbolen ist, und das ist wahr! Es ist eine andere Sache, sich ihr anzuschließen oder ein Teil von ihr zu werden.

Wir kommen mit einer Welt in Kontakt, die dem Katholizismus seit 300 Jahren feindlich gegenübersteht, obwohl eine Reihe von Geistlichen dem Katholizismus angehörten und immer noch angehören. Darüber hinaus gab es eine schwere Verseuchung durch den Okkultismus des 18. und 19.

BB. Sollte man also die Möglichkeit ausschließen, dass ein Katholik gleichzeitig Freimaurer sein kann?

ALF. Ich möchte es nicht völlig ausschließen. Vielleicht wird es sogar möglich sein, aber solange die negative Meinung über die Kirche bestehen bleibt, halte ich es nicht für angemessen.

### *Christliche Esoterik und Neuplatonismus*

BB. Sie haben einige christliche Esoteriken erwähnt, die, sagen wir, der breiten Öffentlichkeit am besten bekannt sind und manchmal nach Ketzerei riechen.

ALF. Das Christentum wurde von der neuplatonischen Strömung beeinflusst und, ich würde sogar sagen, bestrahlt. Vor allem die Theologie wurde stark davon beeinflusst. Auch heute noch hatte und hat der Neuplatonismus berühmte Vertreter. Ich denke dabei an Vittorio Mathieu (1923-2020), Werner Belerwaltes (1931-2019), Pietro Prini (1915-2008), Giovanni Reale (1931-2014) und viele andere, darunter zweifellos Jean Borella (1930).

BB. Wir sprechen jedoch sozusagen von professionellen Philosophen und sogar von Metaphysikern, aber nicht von Esoterikern als solchen.

ALF. Ich würde sagen, dass wir von einer Gemeinschaft von Menschen sprechen, die sich von einem der größten Bezugspunkte der Esoterik inspirieren lassen. Wie ich sehe, besteht die christliche Esoterik aus konzentrischen Kreisen und einige Philosophen und Theologen sind ebenfalls Teil davon, manchmal vielleicht unbewusst, aber auch sie leisten ihren Beitrag zur Sache der Esoterik. Es ist nicht nur eine Anziehung zu einer bestimmten Form des Denkens, sondern in gewissem Maße auch eine Form von Brüderlichkeit und spiritueller Gemeinschaft. Sie sind in diesen Karstfluss eingetreten, der seit Anbeginn der Zeit unaufhörlich fließt.

BB. Um Ihre Kategorien aufzugreifen, sollten wir dann von Scholastik oder Scholastik sprechen?

ALF. Ich würde sagen, syntonische Scholastik, da es auch dystone Scholastik gibt.

BB. Eine zusätzliche Unterteilung?

ALF. Ja, dies weist auf die Existenz einer Kategorie von Personen hin, die mit denen vergleichbar ist, die in der Schule von Alexandria in Ägypten als „Grammatiker" definiert wurden. Die „Grammatiker" waren Wissenschaftler, die sich mit der Restaurierung, dem Lesen, der Erklärung und der Interpretation der klassischen Texte beschäftigten. Kurz gesagt, es waren Gelehrte - heute würde man sie „Literaturkritiker" nennen – die als gelehrtes, aber „syntonisches" Bindeglied zwischen Weisheit und Wissen fungierten. Dystonische Schüler hingegen sind diejenigen, denen es, wie Guénon sagen würde, an „intellektuellen Qualifikationen" mangelt und die nicht in der Lage sind, die Wahrheit in den Dingen, über die sie schreiben, zum Klingen zu bringen

BB. Eine Unterscheidung, die uns später noch nützlich sein kann. Zusammenfassend lässt sich sagen, dass die katholische Esoterik aus historischer Sicht alle neuplatonischen Strömungen, die Templer, die Liebesgläubigen, die christliche Hermetik, die christliche Kabbala, die mittelalterlichen Korporationen, die rheinische Mystik und... was sonst noch?

ALF. Sicherlich das Zönakel von Paray-Le-Monial. Margherita Maria Alacoque (1647-1690), eine christliche Ordensfrau und Mystikerin, die 1920 von Papst Benedikt XV heiliggesprochen wurde und der wir die Verehrung und Anbetung des Heiligen Herzens Jesu verdanken. Verschiedene „esoterische" und pseudo-esoterische Realitäten wurden später mit diesem Kult und dieser charismatischen Erfahrung verbunden, wie die Bewegung, die mit der Vereinigung *Atlantide* von Paul

Le Cour (1871-1954) verbunden ist, die Zeitschrift *Regnabit* von Pater Félix Anizan (1878-1944), an der auch René Guénon und Louis Charbonneau-Lassay (1871-1946) mitarbeiteten, und heutzutage die Zeitschrift *Contrelittérature* des Freundes Alain Santacreu (1950), die seit einiger Zeit versucht, sich wieder darauf zu besinnen.

BB. Es gibt so viel zu sagen! Können Sie ein paar Worte über den nördlichen Protestantismus und die östliche Orthodoxie sagen?

### *Esoterik und Protestantismus*

ALF. Natürlich! Es gibt eine Verbindung zwischen dem Rosenkreuzertum und dem Luthertum: das Symbol, das die Rosenkreuzer auszeichnete, war das Wappen Luthers. Es ist jedoch sehr wahrscheinlich, dass diese Rosenkreuzer nicht die wahren Rosenkreuzer waren, sondern nur eine Organisation, die sich diesen Namen schließlich zu eigen machte. Dies war zumindest die Idee von Guénon, der nach der Zerstörung des Templerordens auch eine Verbindung mit der islamischen Esoterik beanspruchte. Dies ist jedoch eine Frage, über die man nicht viel sagen kann, da es keine genauen historischen Aufzeichnungen gibt.

BB. Der Protestantismus wurde von einer falschen Esoterik beeinflusst?

ALF. Persönlich denke ich, dass dies der Fall ist. Luthers Hass auf S. Thomas von Aquin und Dionysius Areopagita spricht dafür, ebenso wie seine spezifische Ablehnung der *analogia entis*, mit anthropologischen Konsequenzen, die einen bedeutenden Bruch mit der wahren Esoterik offenbaren. Theobald Beer (1902-2000) hat versucht, mit guten Argumenten nachzuweisen, dass Luthers Denken in vielen Punkten Themen aus der Hermetik aufgreift. Aber dann muss man sich fragen: Was ist dieser Hermetismus? Sicherlich eine Fälschung.

BB. Einige werden sagen, dass dies das Gleiche ist (lacht).

ALF. Da stimme ich nicht zu (lacht). Im Zusammenhang mit dem Protestantismus scheint mir die These des englischen Historikers Francis Young[65] interessant: Viele esoterische Texte, die in den Klöstern aufbewahrt wurden – der berühmte „Klosterschatz" – begannen unmittelbar nach der protestantischen Reformation zu zirkulieren, als viele Orden aufgelöst und die Klöster geschlossen wurden. Es war die Verbreitung dieser Texte, die die Entstehung des Okkultismus begünstigte. Ich weiß nicht, ob dies tatsächlich geschah, aber es scheint mir ein interessanter Hinweis zu sein.

## *Esoterik und Orthodoxie*

BB. Und was können Sie über Hesychasmus sagen? Sehen Sie es als Esoterik?

ALF. Eine Esoterik mit ihren eigenen Merkmalen. Die Hesychasten (der Begriff leitet sich vom griechischen Wort „*hesychasmos*" ab, von „*hesychia*", was manchmal mit „Stille", Ruhe, Frieden, Ruhe usw. übersetzt wird) praktizieren das sogenannte „Jesusgebet" oder „Herzensgebet", das darin besteht, die Formel „Herr Jesus Christus, Sohn Gottes, erbarme dich meiner Sünde" (griechisch: *Kyrie Jesù Christé, Üié Theù, eléisòn me tòn amartolòn*) unaufhörlich zu wiederholen und mit dem Atemrhythmus zu modulieren

BB. Wie alt ist diese Technik?

ALF. Historisch auf S. Evagrios Pontikus (4. Jh.) zurückzuführen, aber es ist nicht sicher, ob es sich um „Mehl aus seinem Beutel" handelt oder ob er es von anderen entlehnt hat. In dieser Hinsicht gibt es verschiedene Hypothesen, aber die Verbindung zu den Techniken der islamischen Esoterik, des Sufismus und sogar zu den Yogatechniken aus Indien

[65] Francis Young, „The Dissolution of the Monasteries and the Democratisation of Magic in Post-Reformation England", *Religions*, year: 2019, Vol.: 10, No. 4, pp. 1-10.

scheint erwiesen. Metropolit Antoine (Bloom) de Souroge (1914-2003), eine der autorisiertesten spirituellen Figuren des christlichen Orients im letzten Jahrhundert, sprach in einem seiner berühmten kleinen Bücher von „christlichem Yoga"[66] . Gregor Palamas (1296-1359) und in den folgenden Jahrhunderten vor allem durch die berühmte Anthologie geistlicher Schriften, die als *Philokalie* bekannt ist, einen entscheidenden Impuls.

BB. Nicht zu vergessen die berühmten *Erzählungen eines russischen Pilgers*!

ALF. Zweifellos ein grundlegender Text!

BB. Was ist mit dem Autor?

ALF. Es ist nicht viel bekannt. Der Ursprung der *Erzählungen* ist unbekannt, aber wir befinden uns im 19. Wir wissen mit Sicherheit, dass die erste Ausgabe des Buches 1881 in Kasan (Russland) unter dem Titel „Aufrichtige Erzählung eines Pilgers an seinen geistlichen Vater" veröffentlicht wurde. Der Protagonist ist ein Pilger, der die weiten Landschaften der Ukraine und Russlands nur mit der Bibel und trockenem Brot durchquert. Während einer liturgischen Feier wird der Pilger von einem Hinweis auf die Ermahnung des Heiligen Paulus, „betet ohne Unterlass" (1 Thess V, 17) beeindruckt, und später trifft er einen Lehrer – *Starec* auf Russisch – der ihn das „Gebet des Herzens" lehrt. Es ist ein sehr schöner und bewegender Text, der zu einem der weltweit meistgelesenen Klassiker der christlichen Spiritualität geworden ist.

BB. Sie erwähnten Gregor Palamas und Evagrius Ponticus. Können sie als „Väter" der Esoterik betrachtet werden?

ALF. Ich würde sagen, dass sie es in gewisser Weise sind, ebenso wie der anonyme Autor von „*The Pilgrim*". Aber wie

---

[66] *L'esicasmo, yoga cristiano, i centri sottili dell'essere umano e la Preghiera segreta del Monte Athos* (Der Hesychasmus, christlicher Yoga, die subtilen Zentren des menschlichen Wesens und das geheime Gebet des Berges Athos), Napoli: G. Rocco, 1955.

ich bereits zu sagen versuchte, dienen Klassifizierungen nur dazu, uns eine Vorstellung davon zu geben, worüber wir sprechen, aber wir können und sollten nicht zu viel kategorisieren. Der Hesychasmus ist untrennbar mit der religiösen Dimension verbunden und wenn Sie ihn nicht verstehen, laufen Sie Gefahr, ihn zu etwas zu machen, was er nicht ist.

BB. Ich denke, Sie haben Recht. Ich bedauere, aber ich denke, dass wir hier aufhören sollten, was die christliche Esoterik betrifft.

ALF. Das glaube ich auch; zehn Bände sind nicht geplant! (lacht). Ein letzter notwendiger Hinweis, den ich machen möchte, ist jedoch, dass der lateinische Westen auch sein eigenes Herzensgebet hat, besser bekannt als „Herzliches Gebet", „Reines Herzensgebet", „Gebet der Gegenwart Gottes" oder auch „Gebet der Stille", etc. Die Referenztexte sind vor allem *L'Oratoire du Coeur* des Kanonikers Maurice Le Gall de Kerdu (1633-1694), das 1670 veröffentlicht wurde, und die *Traité* de *la Prière du Coeur* des Jesuiten Jean-Pierre de Caussade (1675-751). Zwei Studien sind zu diesem Thema erschienen, das ich persönlich für grundlegend, wenn nicht sogar essentiell halte: *L'oraison cordiale, une tradition catholique de l'hésychasme* von Jean-Marc Boudier (L'Harmattan, 2013) und *La fatigue du coeur. Essai sur* l'*ascétisme hésychastique* von Enrico Montanari (Jaca Book, 2003).[67]

---

[67] Der Diskurs dieser Studie wird in dem jüngst veröffentlichten Band fortgesetzt: *Un umile regalità. Percorsi dell'esicasmo in Occidente* („Ein demütiges Königtum. Wege des Hesychasmus im Westen"); Mimesis, 2022. Zum Hesychasmus im Allgemeinen siehe das wichtige Buch: *Un fuoco che brucia, ma non consuma. La preghiera del cuore nella singolare esperienza romena del Roveto ardente* („Ein Feuer, das brennt, aber nicht verzehrt. Das Gebet des Herzens in der einzigartigen Erfahrung des brennenden Dornbuschs in Rumänien") des Mönchs der kleinen Gemeinschaft der Kontemplativen Brüder Jesu in Capriata d'Orba (Alessandria), Elia Citterio (Il Cerchio-Iniziative editoriali, Rimini 2021).

## Kapitel XI

# Hindu-Esoterik

*Der Einfluss des Hinduismus auf die europäische Esoterik ist bekannt. Wie steht es mit der Esoterik im Hinduismus an sich?*

BB. Der Einfluss des Hinduismus ist bekannt, insbesondere auf die Formulierungen der westlichen Metaphysik (René Guénon, Frithjof Schuon); er hat zweifellos Guénon in seiner Esoterik des „Königs der Welt" beeinflusst. Die erste Frage wäre jedoch: Gibt es wirklich eine Hindu-Esoterik?

ALF. Diese Eingangsfrage dient dazu, die Begriffe des Problems sofort zu klären. Die Wahrheit ist, dass wir, wenn wir über den Hinduismus sprechen, eine Komplexität betreten, die eine Änderung unseres üblichen Blickwinkels erfordert. In Anlehnung an das Evangelium würde ich sagen, dass es in Indien nichts gibt, was nicht in irgendeiner Weise offenbart oder geheim gehalten wird, d.h. was nicht in gewisser Weise allen bekannt gemacht wird[68], was die Existenz von Esoterik ausschließen würde. Bei näherer Betrachtung stellt sich jedoch heraus, dass die Dinge nicht genau so sind und dass die hinduistische Sichtweise uns helfen kann, viele Dinge zu verstehen, die wir Europäer als Esoterik bezeichnen.

BB. Los geht's!

### *Esoterik und Ashrams*

ALF. Ich werde mit den Ashrams beginnen, die zu Zehntausenden über ganz Indien verstreut sind und gestern noch

[68] „Es gibt nichts Verborgenes, das nicht aufgedeckt werden soll, und nichts Geheimes, das nicht bekannt werden soll" (Lk XII, 2).

die höchsten Orte der Meditation und Einsiedelei waren, die unberührten Brennpunkte der hinduistischen Spiritualität, heute jedoch Hotels und Internate, in die Millionen von Touristen strömen, um zu versuchen, ihrem Leben einen Sinn zu geben. Bis zum letzten Jahrhundert konnte man hier die größten Asketen, Lehrer und Seher Indiens treffen: von Ramana Maharshi bis Aurobindo, von Ramakrishna bis Vivekananda, von Swami Yogananda bis Anandamayi, Sai Baba und viele andere. Natürlich wurde über jede dieser Figuren viel gesagt – nicht immer unbedingt Erbauliches – aber zumindest sind es Namen, die jeder kennt.

BB. Welche Verbindung sehen Sie zwischen Ashrams und Esoterik?

ALF. Das Sanskrit Substantiv *āśrama* ist eine thematische nominale Ableitung von der Wurzel *śram*: „Mühe“ und dem Präfix ā, „hin“. Folglich ist ein Ashram ein Ort, an dem man sich auf disziplinierte Weise bemüht, ein asketisches und spirituelles Ziel zu erreichen. Natürlich sind sie nicht das Äquivalent einer europäischen Freimaurerloge (lacht), aber *im Großen* und Ganzen geht man mit ähnlichen Zielen und Absichten dorthin. Diese Orte sind Zentren spiritueller Ausstrahlung, wie die großen philosophischen Schulen des Altertums, die wir zu Beginn unserer Gespräche erwähnten.

BB. Es ist richtig, dass diese Schulen und Meister die beiden Pole der westlichen Esoterik waren.

ALF. Genau! Der spirituelle Lehrer (*guru* auf Sanskrit) spielt in Indien eine fast wichtigere Rolle als die Lehren selbst, die er vermittelt. Nach der Interpretation der späten[69] *Advaya tāraka Upaniṣad* (14-18) stammt der Begriff *guru* von den Wurzeln *gu* („Dunkelheit“) und *ru* („verschwinden“) ab und bedeutet somit „derjenige, der die Dunkelheit zerstreut“. Wir befinden uns also mitten im Herzen der Esoterik, die nicht so

[69] Datiert zwischen 100 v. Chr. und 300, laut Gavin Dennis Flood (1950-).

sehr die religiöse Institution oder Tradition oder Doktrin an die erste Stelle setzt, sondern die persönliche Beziehung zwischen Meister und Schüler.

BB. Wo befinden sich die Traditionen und Doktrinen?

***Rishis***

ALF. Tradition und Doktrinen spielen eine wichtige Rolle, ich würde sogar sagen, eine entscheidende Rolle, aber ohne die Vermittlung anerkannter Meister wären sie nichts. An der Basis der Hindu-Tradition stehen die alten „Seher" (*Rishis*), die eigentlichen „Enthüller", die schriftlichen Kodifizierungen kamen später.

BB. Eine mündliche Tradition...

ALF. Das ist richtig. Wissen, das von Mund zu Ohr oder von Herz zu Herz weitergegeben wird, manchmal sogar ohne zu sprechen. Der Sanskritbegriff dafür ist *shruti*, abgeleitet von der Wurzel *shru*, was „zuhören" bedeutet. Die Überlegenheit der Mündlichkeit in Verbindung mit „ungeschriebenen Lehren" (*agrapha dogmata*), die auch von unserem Platon vertreten wird, ist die Grundlage der esoterischen Lehren, die eben nicht „durch die Presse" vermittelt werden dürfen.

BB. Wie würden Sie die „Mündlichkeit" des traditionellen Indiens charakterisieren?

ALF. Natürlich, keine Reden! (lacht). *Vac* (Sanskrit und analog zu unserem *Logos*) wurde als eine kreative, generative, vollständig spirituelle Kraft anerkannt. Bevor das Wort eine Bedeutung ist, ist es ein „Klang". Und durch die Modulation des Klangs der Stimme wurde Wissen vermittelt

BB. Wie das berühmte „AUM" in einigen yogischen Meditationen.

ALF. Zum Beispiel. In den Veden wird die Bedeutung des Rituals gut verstanden, aber seine einwandfreie Durchführung war eng mit der genauen Rezitation von Formeln, Klängen und heiligen Worten verbunden.

BB. Das Ganze ist perfekt gespeichert.

ALF. Ja, aber in Verbindung mit dem Gedächtnis als solchem. Das Gedächtnis ist seit der Antike Gegenstand der Forschung und Verehrung. Die griechische Mythologie verkörperte es in der Göttin Mnemosyne , Tochter von Uranus und Gaia , und Mutter der Musen. Die Esoterik der Renaissance, mit Raymond Lulle , Giordano Bruno und anderen, verherrlichte sie und nutzte sie für Initiationszwecke: die berühmten *Mnemotechniken*! Es geht nicht nur um die physische Tatsache des Erinnerns, sondern um viel mehr. Eliade verstand dies gut genug, um zu erklären, dass „das Gedächtnis der Schlüssel zum Paradies ist".[70]

BB. S. Augustinus in seinen *Bekenntnissen* erkennt auch den Wert der Erinnerung an. Dieser Aspekt des Ritus hat also Ihrer Meinung nach einen esoterischen Charakter.

ALF. Das ist richtig! Die rituellen Praktiken, die Wissenschaft der Klänge und das Geheimnis des Opfers, von dem die Veden berichten, wurden nicht von jedem geerbt und die Weitergabe erfolgte außerhalb der Gemeinden, in den Wäldern, in der Wüste, kurz gesagt, an unbewohnten Orten, wahrscheinlich sogar in Höhlen und Schluchten.

BB. Sie beziehen sich hier auf das „Opfer". Wie wichtig ist die Rolle des Opfers in der Hindu-Esoterik?

## *Hindu-Esoterik und Opferung*

ALF. Es spielt eine zentrale und grundlegende Rolle. Die Ordnung der Welt hängt für die Hindus vom Opfer ab und dies ist vielleicht eines der größten „Geheimnisse" der Esoterik. Aus dem lateinischen *sacrificium, sacer facere* bedeutet ausdrücklich „heilig machen", „etwas heilig machen". Das Opfer

[70] Ohne sich an den genauen Ort und das Datum dieses Vortrags des berühmten rumänischen Religionshistorikers in Italien erinnern zu können, garantiert der Autor dennoch dessen Authentizität.

ist der Vermittler zwischen den Menschen und den Göttern. Das Wesen des Opfers ist jedoch nur den Brahmanen bekannt, so dass es nicht das Vermächtnis aller ist. In diesem Sinne kann man sagen, dass die Opferrituale der Hindus „esoterischer" Natur waren.

BB. Riten und Opfer waren daher für die alten Hindus von größter Bedeutung, aber dann kamen die *Upaniṣad*. Sind die *Upaniṣad*, wie der Veda, auch das Erbe einer esoterischen Tradition?

ALF. Ich glaube dies insofern, als es sich um priesterliche Familien handelte, die bestimmte Kenntnisse besaßen und weitergaben. Die *Upaniṣad* sind keine Ausnahme. Es ist bekannt, dass sie anfangs immer an abgelegenen Orten gelesen und meditiert wurden, weit weg von den Massen, für die sie offensichtlich nicht bestimmt waren - ein typisch esoterisches Verfahren. Erst später bildeten sich Schulen und die Texte begannen sich überall zu verbreiten, was zu zahlreichen und unterschiedlichen, manchmal sogar abweichenden Interpretationen führte.

BB. Haben wir es dann, um den Titel unseres Buches zu verwenden, mit einer „Esoterik für alle"[71] zu tun?

## *Hindu-Esoterik und Exoterik*

ALF. In gewisser Weise, ja. Guénon war der Meinung, dass die Unterscheidung zwischen Esoterik und Exoterik für Indien keinen Sinn macht, sowohl wegen des Fehlens einer institutionellen Religion, die von allen anerkannt wird, als auch wegen des einheitlichen Charakters seiner Traditionen. Aber es war eine brahmanische Idee, die einen starken Einfluss auf ihn ausübte. Und so wie der Brahmane derjenige war, der die Aufgabe hatte, die korrekte Ausführung des Opferaktes zu „überwachen", so war Guénon der „Überwacher" der

[71] *L'ésotérisme pour tous* ist der Titel der französischen Version.

Reinheit der esoterischen Tradition oder ihrer doktrinären Ausdrucksweise in unserer Zeit.

BB. Eine interessante Analogie, die sicherlich noch weiter ausgeführt werden sollte, aber lassen Sie uns bei der „Hindu-Esoterik" bleiben. Da Sie von den Brahmanen als Verwahrer von vertraulichem Wissen sprechen, das nur an einige wenige weitergegeben werden kann, sollten Sie die Kastenlehre als ein Mittel ansehen, um zu verhindern, dass bestimmte Kenntnisse das Volk erreichen?

ALF. Ich habe nie darüber nachgedacht; vielleicht ist es in gewissem Maße der Fall. Sicher ist nur, dass die Lehre des Veda denjenigen vorbehalten war, die eine besondere rituelle Einweihung erhalten hatten und somit über die entsprechenden Qualifikationen verfügten. Die Möglichkeit einer „zweiten Geburt"[72] war in der Vierteilung des Kastensystems nur ein Vorrecht der ersten drei Gruppen: Priester (*brāhmaṇa*), Krieger (*kṣatriya*) und Landwirte-Handwerker (*vaiśya*), wobei die sogenannten „Diener" (*śūdra*) strikt ausgeschlossen waren. Ursprünglich war das nicht so: Bevor die Priesterfamilien etabliert wurden, gab es Seher (*rishi*) und sie sind die eigentlichen „Väter" der Hindu-Esoterik

BB. Würden Sie sagen, dass die Brahmanen, wie die Pharisäer in Palästina, das Mandat, das sie von den *Rishis* erhalten haben, in irgendeiner Weise verraten haben?

## *Des Upaniṣad*

ALF. Solange die Brahmanenfamilien die Verbindung zu den Weisen aufrechterhielten, nein! Natürlich muss etwas schiefgelaufen sein und die Kontinuität der esoterischen Tradition wurde unterbrochen. Aber Esoterik steigt immer aus der Asche auf und eine neue Wiedergeburt fand mit den *Upaniṣad* statt. Diese heiligen Texte in Sanskrit wurden zwischen

---

[72] In diesem Fall sprach man von *Dvija* oder „Zweimalgeborenem".

dem 9.-8. Jahrhundert v. Chr. und dem 4. Jahrhundert v. Chr. verfasst.

BB. Esoterik stirbt nie!

ALF. So ist es! Meiner Meinung nach der von den *Upaniṣad* vorgezeichnete Pfad der Erkenntnis mit dem der ursprünglichen Weisen Seher verbunden.

BB. Sehen Sie eine Kontinuität zwischen den beiden? Es wurde von einer Art „Verinnerlichung“ der Idee des Opfers gesprochen…

ALF. Ich würde eher von *Erfüllung* sprechen, wie im Neuen Testament: „Denkt nicht, ich sei gekommen, um das Gesetz oder die Propheten aufzuheben; ich bin nicht gekommen, um aufzuheben, sondern um zu erfüllen“ (Mt V, 17).

BB. Ein zusätzlicher Wert, sozusagen.

ALF. Ja, auch weil ab einem bestimmten Zeitpunkt eine Degeneration der alten Lehren stattfindet. Eliade sprach in diesem Zusammenhang von einem „religiösen Sieg des Bodens“, von dem die Kunst, die Ikonographie und der Aufstieg von Götzenkulten aller Art beredtes Zeugnis ablegen. Darüber hinaus entstanden zur gleichen Zeit, als die *Upaniṣad* niedergeschrieben wurden, Yoga und *Vedānta*.

BB. Die *Upaniṣad* sind daher Esoterik.

ALF. Wenn man dem Wort „*Upaniṣad*“ die Bedeutung gibt, die ihm manchmal zugeschrieben wird, nämlich „private Sitzungoder“ „Arkanum“, „Geheimlehre“, dann würde ich dies bejahen.

BB. Aber waren die „Meister“ – *yogī* und *saṃnyāsin* –, zu deren Füßen der Schüler saß, nicht isolierte Wesen, die vielleicht nur eine starke Sehnsucht nach dem Absoluten und sonst nichts gemeinsam hatten? Waren sie keine Eingeweihten?

ALF. Genau genommen ist die Idee einer ununterbrochenen Kette von Eingeweihten erst nach der Abfassung der *Upaniṣad* anzutreffen, insbesondere innerhalb des

Buddhismus und des postchristlichen Tantrismus. Die Geschichte spricht jedoch nur von einer sichtbaren Hierarchie, während es meiner Meinung nach auch eine unsichtbare Hierarchie gab, deren Spuren aus offensichtlichen Gründen nie gefunden werden, von der jedoch ein dichtes Netz von Korrespondenzen zeugt, dass einem geschulten Auge nicht entgehen kann. Natürlich kann man immer glauben, dass ich Ähnlichkeiten sehe, wo es nur Zufälle gibt...

BB. Was hier zählt, ist nach all den Studien, die Sie durchgeführt haben, was Sie selbst denken! Um das Bild zu vervollständigen, was ist mit Yoga und *vedānta*.

## *Veda und Vedānta*

ALF. *Vedānta* bedeutet „Ende der Veden" (*-ānta* = Ende), im Sinne von heiligen Texten, die zuletzt gelesen, studiert und meditiert werden, während Yoga gewöhnlich mit „Vereinigung" übersetzt wird, analog zum lateinischen „*iugum*": das Joch und ebenso wie das Joch verbindet, zielt Yoga darauf ab, das individuelle Selbst mit seiner Quelle, dem universellen Selbst, dem Brahman, zu verbinden, zu vereinen. Die jeweiligen Ziele sind nicht so unterschiedlich. Das gemeinsame Ziel ist *mokṣa*, oder „Befreiung". Ich vereinfache natürlich so weit wie möglich, denn in Wirklichkeit müsste man viele Details klären, was wir hier nicht tun können.

BB. Bleiben wir natürlich beim Wesentlichen. Was könnten wir dennoch hinzufügen? Welche Beziehung sollte beispielsweise, abgesehen von der erwähnten Etymologie, zwischen dem *vedānta* und den Veden gesehen werden?

ALF. Die Veden der Hindus sind das Äquivalent zu unserer Bibel. Wir Christen sagen, dass die Bibel das „Wort Gottes" ist und die Hindus sagen, dass die Veden der "Atem Brahmas" sind, etwas, das „von ihm ausgeht". Kurz gesagt, am Anfang steht eine direkte Inspiration nicht-menschlichen

Ursprungs - *apauruṣeya*[73] - und in diesem Sinne gibt es Kontinuität und Übereinstimmung zwischen allen hinduistischen Schriften. Wie bei den *Upaniṣad* profitiert jedoch auch der *vedānta* von einem Gnadenzuschlag – die Hindus mögen mir dieses christliche Vokabular verzeihen (lacht) –, der die Spiritualität dieser Völker selbst auf eine höhere Stufe gehoben hat.

BB. Wie würden Sie diesen „Levelsprung" beschreiben?

ALF. Eine Art „Quantensprung", d.h. ein plötzlicher Übergang von einer Ebene des Verständnisses und der Verwirklichung von Realität und Wahrheit auf eine höhere Ebene. Was Ritual und Kult war, drohte in etwas Magisches und Mechanisches abzudriften, also kamen Korrekturen wie *Vedānta* und Yoga ins Spiel. Hier muss daran erinnert werden, dass Yoga als „Körpertechnik" bereits existierte und, ich würde sagen, notwendigerweise eine ununterbrochene Folge von Meistern und Übermittlern erforderte; lange vor Patañjali (2. oder 4. Jahrhundert v. Chr.) oder wer auch immer sich hinter dem Namen des Verfassers der *yogasūtrāṇi* verbirgt.

BB. Sagen Sie doch bitte ein paar Worte über Yoga.

### *Esoterik und Yoga*

ALF. Eine Reihe von Techniken, die den ganzen Menschen und alle seine Fähigkeiten ohne Ausnahme einbeziehen. Yoga beweist, dass die Alten die Geheimnisse des Körpers und alle Eigenschaften der Seele kannten. Und im Falle des Yoga kann man nicht von Annäherungen sprechen, wie manche es gerne hätten, sondern fast von einer „exakten Wissenschaft", die bei tadelloser Anwendung und Ausführung den Körper des Praktizierenden verwandeln kann, so dass er wie ein „Gott auf Erden" aussieht. Dies ist neben dem „Opfer" wahrscheinlich das andere große Arkanum, das von den Initiationsorganisationen aller Zeiten und aller Orte gehütet wird.

---

[73] Wörtlich „nicht-menschlich" im Sinne von „ungeschaffen", „offenbart".

BB. Ein ziemlich unaussprechliches „Geheimnis", nicht wahr?

ALF. Natürlich ist es ein Geheimnis, das nicht enthüllt oder enthüllt werden kann. Ein solches Geheimnis ist keine mathematische Formel oder eine verschlüsselte Nachricht, die auch keine Enigma-Maschine jemals entschlüsseln könnte (lacht). Wie Pater Dante in diesem Zusammenhang sagen würde: „Wer es nicht versucht, kann es nicht verstehen" (*Vita Nova*, Kap. XXVI). Man muss Yoga praktizieren, um es zu verstehen, und die Praxis ist nicht für jedermann geeignet, auch wenn einige Westler das oft als eine Art Gymnastik ansehen.

BB. Würden Sie sagen, dass *Vedānta* dem Yoga überlegen ist?

ALF. Wenn Yoga hundertprozentige Esoterik ist, ist *vedānta* tausendprozentige Esoterik (lacht). Unter anderem ist *vedānta* ein Balsam, der die Gefahr einer immer möglichen Abweichung vom Yoga minimiert; eine Gefahr, die speziell in den Texten Patañjalis gefürchtet wird und vor den sogenannten „Kräften" warnt, die man durch die Praxis erwerben kann. Mentale und psychische Kräfte, die den Praktizierenden vom Ziel ablenken und ihn zu sehr an sein eigenes Ego oder an die Kräfte, die er durch Fortschritte erlangen könnte, binden können. Bei *Vedānta* geht es darum, die Aufmerksamkeit von den erzielten Ergebnissen abzuwenden und in der Unterscheidungskraft zu unterscheiden, indem man sich von allem und jedem löst, um das namenlose, formlose und teilfreie Absolute zu erreichen.

BB. Der berühmte spirituelle Führer dieses Pfades ist Shri Ādi Śaṅkara.

### *Śaṅkara*

ALF. Ja, der „Großmeister Śaṅkara" (8. Jahrhundert), ein weiterer „Vater" der Esoterik. Zwei weitere Vertreter dieser

„Schule“ sollten jedoch nicht vergessen werden: Rāmānuja (11.-12. Jh.) und Madhvācārya (13. Jh.).

BB. Wir können hier leider nicht über alle drei sprechen, aber was würden Sie Wesentliches zu den Lehren von Śaṅkara sagen?

ALF. Das zentrale Postulat der Schriften von Śaṅkara ist die Identität des Selbst (Ātman) und Brahman. So dargestellt scheint es leicht verständlich zu sein, aber es wurden Tausende von Seiten geschrieben, um es zu erklären. Zwischen seiner Lehre und der des *Mahāyāna-Buddhismus* gibt es zweifellos Verbindungspunkte und daher den von anderen Schulen erhobenen Vorwurf, er sei ein „Krypto-Buddhist“, doch diese Vorwürfe werden von seinen Schülern entschieden zurückgewiesen. Der ātman ist zwar identisch mit Brahman, aber gemäß dem *advaita vedānta* sind sie nicht eins, sie sind „Nicht-Zwei“ (*advaita*). Dies ist reine Metaphysik, Ihr Gebiet.

BB. Okay, was sehen Sie dann für eine Verbindung zwischen Esoterik und Metaphysik?

ALF. Ich denke, dass die Metaphysik der Höhepunkt ist, die Ziellinie im doppelten Sinne von „Ankunft“ und „darüber hinaus schauen“[74]. Es gibt ein Ziel, aber es gibt auch ein Jenseits und man erreicht das Ziel gerade deshalb, weil man in der Lage ist, darüber hinauszuschauen. Ich glaube, dass „in der Esoterik“ vom Menschen und dem Kosmos, dem Sichtbaren und dem Unsichtbaren ausgegangen wird, um sich noch weiter zu projizieren, während in der Metaphysik das Subjekt mit sich selbst allein ist und es nicht nötig hat, sich zu projizieren. Es ist bereits „angekommen“, es muss sich dessen nur bewusst werden. Dies ist natürlich nur meine Vorstellung von Metaphysik.

---

[74] Im Italienischen heißt "Ziellinie" "traguardo" und "tra-guardare" drückt die Idee aus, darüber hinaus zu schauen.

BB. Sie würden also sagen, dass eine Esoterik ohne Metaphysik eine verkrüppelte Esoterik, eine akephale Esoterik wäre?

ALF. Ja, das ist die wichtigste Lektion, die wir aus dem Hinduismus lernen können.

# Kapitel XII

# Buddhistische Esoterik

*Während der Buddhismus auf den ersten Blick wenig Wert auf Transzendenz – als Gott – legt, ist er weit davon entfernt, frei von Esoterik zu sein. Hier haben Sie die Gelegenheit, sich mit ihnen vertraut zu machen.*

BB. Es ist allgemein bekannt, dass der Buddhismus wenig Wert auf Transzendenz legt, zumindest ist dies die Meinung vieler. Es gibt jedoch buddhistische Esoterik in einem Gebiet, das nicht weniger umfangreich als das des Hinduismus ist und eine ebenso hohe Komplexität aufweist. Wo soll ich anfangen?

## *Von Buddha*

ALF. Wir müssen notwendigerweise mit dem Gründer, Buddha , beginnen. Wer war er wirklich? Der Begriff Buddha bedeutet in Pali „derjenige, der die Erleuchtung erfährt oder erlangt". Er war also ein Mann, der eine besondere transzendente Qualität in sich selbst verkörperte.

BB. Warum wurden diese Person und ihre Lehren nicht in den Hinduismus integriert?

ALF. Es scheint, dass die Lehren des Buddha anfangs nicht als mit der brahmanischen Tradition übereinstimmend angesehen wurden. Die *Sakyas* (vielleicht das iranische Nomadenvolk, das in der eurasischen Steppe bezeugt ist), von denen der Buddha abstammen sollte, wurden von den Indern als ein „raues Volk", „von bescheidener Herkunft" angesehen und dazu kam noch der erschwerende Umstand, dass der große Asket die Brahmanen nicht geehrt hatte.

### *Buddhismus oder Hinduismus?*

BB. Dies erklärt auch, warum ein großer Esoteriker wie René Guénon den Buddhismus für eine gewisse Zeit als anti-traditionelle Ketzerei betrachtete.

ALF. Aber natürlich! Guénon war ein Empfänger der brahmanischen Tradition gewesen und war in gewisser Weise ihr Sprecher im Westen geworden. Wie wir wissen, hat dann der weise Orientalist A. K. Coomaraswamy (1877-1947) seine Meinung[75] ändern, indem er ihm die perfekte Orthodoxie des Buddhismus zeigte.

BB. Ich verstehe, dass ein anderer Hindu-Gelehrter von gutem Kaliber wie Sarvepalli Radhakrishnan (1888-1975) ebenfalls erkannte, dass die Lehren Buddhas den Geist der *Upaniṣad* perfekt widerspiegelten und dass er nie die Absicht hatte, sich vom Vedantismus zu lösen oder eine neue Religion zu gründen.

ALF. Das ist richtig. Und hier ist es besser, nicht auf den Kern der unsinnigen und absurden Anschuldigung des Atheismus einzugehen, die von einigen westlichen Wissenschaftlern, übrigens Christen, gegen den Buddhismus erhoben wird[76] , die manchmal nichts vom Geist und den Doktrinen Indiens zu verstehen scheinen.

BB. Es wurde behauptet, dass Buddha ein radikaler Erneuerer war und dass seine Lehren eine starke „subjektivistische" Komponente aufwiesen, während der Hinduismus fast im Gegensatz dazu mystisch und übersubjektiv war.

---

[75] Siehe hierzu A. K. Coomaraswamy, *Induismo e Buddismo,* Mailand: Rusconi, 1973 (*Hinduismus und Buddhismus,* 1943), auf Französisch: *Hindouisme et bouddhisme*, Paris: Gallimard, 1949.

[76] *Vgl.* „La filosofia indiana", *Asram Vidya*, Roma, 1998, Vol. I, S. 344-358.

ALF. Ja, dies sind Beispiele für falsche und irreführende Interpretationen, denen wir in der westlichen Welt leider oft erliegen. Wir glauben, dass wir andere besser verstehen als uns selbst, aber das ist nicht der Fall.

BB. Daher unsere falschen westlichen Vorstellungen über die buddhistische Esoterik...

ALF. (lacht) Orientalisten neigen dazu, die Diskussion auf einige Sekten zu beschränken, aber meiner Meinung nach ist das Feld viel breiter. Es gibt nicht nur einen spekulativen Teil, der sich auf die doktrinären Formulierungen bezieht, sondern auch den wichtigsten Teil, den praktischen Teil, der psycho-physische Techniken umfasst, die vor allem dem indischen Yoga entlehnt sind.

BB. Esoterik kann ein Weg sein, aber sie beruht auf einer Doktrin.

### *Buddhistische Esoterik*

ALF. Im Falle der buddhistischen Esoterik würde ich sehr genau sagen, dass es sich zunächst um einen Weg handelt, der jedoch *auch* über eine Doktrin verfügt, eine unterstützende Doktrin sozusagen. Und ich spreche nicht von einer Reihe von Hypothesen, Aussagen und Voraussetzungen, sondern von einem authentischen „Standpunkt" (*Darśana* auf Sanskrit), einem besonderen Blick auf die Realität oder, wie man auf Deutsch sagt, einer *Weltanschauung*,[77] d.h. einem „Weltbild", die tiefe anthropologische, psychologische, spirituelle und metaphysische Auswirkungen hat. Kurz gesagt, etwas mehr als nur abstrakte Ideen und Spekulationen, wie manche von uns glauben mögen.

BB. Aber kann man wirklich sagen, dass die buddhistische Esoterik ein Yoga ist?

---

[77] Auf Deutsch in den Versionen Französisch, Italienisch, Englisch und Spanisch.

ALF. Ich glaube das, aber eine wesentliche, praktische und effektive Form des Yoga, die aus jener meditativen Disziplin (*dhyāna, jñāna*) besteht, die das Erwachen, die Erleuchtung bei Buddha bewirkte. Ohne diese Technik, die die Essenz des frühen Buddhismus darstellt, würden alle späteren Entwicklungen nicht verstanden werden. Wenn wir von der streng asketischen Ausrichtung des Buddha sprechen, meinen wir diese Praxis, die, wie bereits erwähnt, historische Wurzeln hat, die sich in den Anfängen der Zeit verlieren.

BB. Hat die spätere Institution des buddhistischen Mönchtums die esoterische Komponente bewahrt?

ALF. Meiner Meinung nach ist das Mönchtum, so widersprüchlich dies für manche auch klingen mag, eine esoterische öffentliche und religiöse Institution. Sogar das christliche Mönchtum war es, wenn man es genau betrachtet, mit all den Unterscheidungen, die wir hier nicht machen können.

BB. Ist das Fehlen von Hierarchien in diesen Gemeinschaften jedoch nicht eher ein Bruch mit der Esoterik? Sagen Sie nicht, dass Esoterik ein Privileg einiger weniger ist und nicht jeder Zugang dazu haben kann?

ALF. Das ist richtig, aber ich würde sagen, dass das Kriterium für die Auswahl der Mönche an sich tatsächlich „aristokratisch" war, und daher hier esoterisch. Die Anhänger des Buddha wurden übrigens als „Adlige" (*ārya*, *āryā* weiblich) bezeichnet.

BB. Wie würden Sie das Prinzip der buddhistischen Meditation zusammenfassen?

### *Buddhistische Meditation*

ALF. Im Wesentlichen geht es darum, den unaufhörlichen Fluss der Gedanken zu stoppen. Um dies zu erreichen, wird die Aufmerksamkeit auf eine der Vier Edlen Wahrheiten (*catvāri āryasatyāni*) gerichtet: das Leiden, die Ursache oder der Ursprung des Leidens, das Ende des Leidens, der Pfad, der aus dem Leiden herausführt. Wenn die tiefere Bedeutung einer dieser Wahrheiten erahnt wurde, trat beim Meditierenden eine Art erhellender Identifikation ein.

BB. Gibt es außer Meditation noch andere „geheime“ Praktiken?

ALF. Im Laufe der Zeit hat sich eine große Anzahl von Praktiken entwickelt. Jede Schule und jede Sekte haben ihre eigenen entwickelt. Und natürlich erforderten diese sehr subtilen und raffinierten Techniken Beratung und Einweisung, ohne die kaum Ergebnisse erzielt werden konnten.

BB. Risiko schlechter Ergebnisse und auch möglicher Abweichungen…

ALF. Natürlich ist es das. Die Zähmung von Seelenbewegungen wie Wut oder Angst ist eine sehr komplizierte und riskante Angelegenheit, wie unsere Psychologen sehr gut wissen. Sie gehen wirklich tief in Ihr Innerstes und dann ist es nicht sicher, ob Sie wieder nach oben kommen können. Daher die Bedeutung von Lehrern, einer Disziplin und Ethik, sowie die Bedeutung einer menschlichen Bezugsgemeinschaft (der *Saṃgha* oder *saṅgha*), gegenüber der man Pflichten und Verantwortung hat.

BB. So wurde der Buddhismus in jeder Hinsicht zu einer Religion, einschließlich der „Pflicht“ gegenüber anderen. Daher ist die Zuschreibung einer „göttlichen Persönlichkeit“, die dem Buddha zu einem bestimmten Zeitpunkt gegeben wurde, nicht wirklich eine Abweichung von der ursprünglichen Botschaft.

ALF. Das glaube ich nicht. Die Vergöttlichung des Buddha brachte eines der zentralen Symbole des Hinduismus zurück: das des „Kosmischen Menschen“ (*Mahāpuruṣa*), des Makranthropen, der den Mittelweg zwischen dem individuellen Menschen und dem universellen Wesen darstellt. Ich halte dies für den größten Archetyp, den man sich jemals vorstellen und betrachten kann, weil alle Entsprechungen und

Analogien zwischen Mikrokosmos und Makrokosmos auf die eine oder andere Weise von ihm abhängen. Die „reale Person" ist der kosmische Mensch, das Unwirkliche ist das individuelle Ich. Diese Wahrheit unterscheidet sich nicht sehr von dem, was Johannes der Täufer in den Evangelien verkündet, wenn er sagt: „Er muss wachsen, und ich muss abnehmen" (Joh III, 30).

BB. Lesen Sie in diesem Sinne die Lehre des *anātman* (*anattā* auf pāli), die die Nichtexistenz des *ātman* behauptet?

ALF. Und das ist auch meine Überzeugung. Nun, ich könnte Ihnen die genaue Quelle nicht nennen, vielleicht der *Majjhimanikāyo*, aber es ist Buddha selbst, der in einer seiner Reden wörtlich sagte, dass *tathāgata*[78], der Name, mit dem er sich manchmal bezeichnete, „eine wirkliche Person ist".

BB. So dass es Fehlinterpretationen dieser Lehre, ja sogar Missverständnisse sind, denen wir Spaltungen und Schismen innerhalb des Buddhismus zu verdanken haben?

ALF. Ich bin der Meinung, dass dies der Fall ist, auch wenn manchmal irreführende Interpretationen vernachlässigte Aspekte der Doktrin aufzeigen können, die, so gut es geht, wieder ans Licht kommen müssen. Wie ich bereits sagte, kann die Wahrheit auch im Irrtum verborgen sein. Aber es gibt auch Vorschläge und Perspektiven, die versuchen, den Menschen vom rechten Weg abzubringen und ihn ins Verderben zu stürzen.

BB. Und die gibt es, wie überall, auch im Buddhismus.

---

[78] Der Begriff kann als „Derjenige, der so ging" (tatha-gata) oder „Derjenige, der so kam" (tatha-agata) übersetzt werden. Diese Zweideutigkeit wird im Allgemeinen als beabsichtigt interpretiert und der Begriff als „derjenige, der auf die gleiche Weise (aller Buddhas) kommt und geht" übersetzt.

ALF. Auf jeden Fall. Es gibt einige dunkle Tendenzen, die meist magisch oder schamanistisch sind, im schlimmsten Sinne des Wortes. Leider gibt es sie heutzutage sogar in Tibet, und es wäre schade, sich ihnen anzuschließen. Einige ermutigen zum Handel mit Dämonen, insbesondere im Zusammenhang mit dem tantrischen Buddhismus. Obwohl das Ziel darin besteht, die Dämonen als Teil des Selbst anzuerkennen und sie in befreiende Energien umzuwandeln, ist das Risiko, zu scheitern und von ihnen beherrscht zu werden, sehr hoch.

BB. Wenn wir jedoch von esoterischem Buddhismus sprechenbeziehen wir uns gerade auf den tantrischen Buddhismus und das so genannte „*vajrayāna*"[79] .

ALF. Das ist richtig. Der Sanskritbegriff *Vajra* (lit. Diamant oder Blitz), auf den im Namen dieses Buddhismus Bezug genommen wird, weist auf die Unwandelbarkeit, Unveränderlichkeit und Authentizität der ultimativen Wahrheit hin. Die Transparenz eines Diamanten weist darauf hin, dass der erleuchtete Geist „klar" und transparent, wie ein Diamant oder blendend wie ein Blitz ist.

BB. Dies ist immer noch eine „traditionelle" Schule.

ALF. Absolut, obwohl ich glaube, dass es sich um einen Rückfall in eine Form von extrinsischer Esoterik handelt, wo der frühe Buddhismus eine intrinsische Esoterik darstellte.

BB. Was bedeutet das?

ALF. Mit Buddha kamen wir direkt zum Punkt, ohne zu viele doktrinäre Schnörkel oder komplexe operative Feinheiten. Im Gegensatz dazu ist der Tantrismus die Apotheose der arkanen Disziplinen und enthält alle Komponenten einer „externen", institutionellen Esoterik: Initiation, Geheimlehre,

---

[79] Das *Vajrayāna* oder Diamantfahrzeug ist teilweise aus dem *Mahāyāna-Buddhismus* hervorgegangen; es enthält auch Elemente des Hinduismus (Shivaismus in Kaschmir).

Notwendigkeit eines spirituellen Führers (*Guru*), Übertragungskette, magische Implikationen, etc. Siddhattha Gotama lehnte sich gegen all dies auf, da er darin eher Hindernisse oder Fesseln, manchmal sogar Fallen sah, die nur schwer zu überwinden waren.

BB. Wollen Sie wirklich behaupten, dass diese „dritte Runde des Rades des Gesetzes oder des Dharma" ein Verrat an den beiden anderen traditionellen Wegen des Buddhismus ist, d.h. dem Kleinen und dem Großen Fahrzeug?

ALF. In gewisser Weise natürlich, aber nicht ganz. Ich bestreite nicht, dass das Ziel auch auf diesem Weg erreicht werden kann. Und auf der anderen Seite entstehen bestimmte Wege, um den Bedürfnissen, dem Temperament und den Neigungen bestimmter Personen gerecht zu werden, selbst wenn diese geistig und körperlich geschädigt sind und ansonsten keine Möglichkeit hätten, sich zu „befreien". Positiv ist hinzuzufügen, dass die Tantras von dynamischen Haltungen durchdrungen sind, die diese unvermeidlichen und immer wiederkehrenden Prozesse der Fossilisierung von Lehre und Methoden verhindern. Das Rad des Dharma ständig neu zu drehen, bedeutet im Grunde auch eine ständige Erneuerung der Tradition. Rotation= Erneuerung; Dharma = Kontinuität.

BB. Was möchten Sie über Tantra sagen?

ALF. Es handelt sich um sehr komplexe Doktrinen und Methoden, die eine fehlerfreie Ausführung erfordern, um nicht zu scheitern. Dies erforderten die Initiation und Anleitung durch einen authentischen Meister. In Tibet wird tantrischer Unterricht nur an hoch ausgewählte Kandidaten mit nachgewiesenen Qualifikationen erteilt.

BB. Welche Arten von Qualifikationen?

ALF. Vor allem physische, psychische und geistige Fähigkeiten, ohne die bestimmten Übungen zur Konzentration und Visualisierung sowie zur kreativen Vorstellungskraft nicht möglich wären. Auch hier sind viel Willenskraft und eiserne Disziplin erforderlich, da sonst die gewünschten Ergebnisse nicht erreicht werden.

BB. Was würden Sie zu den Praktiken der verschiedenen tantrischen Schulen sagen, die als „rechtshändig“ und „linkshändig“ bezeichnet werden?

ALF. Es gibt eine Übereinstimmung mit dem shivaitischen Hindu-Tantrismus. Diese beiden Begriffe wurden im Westen sogar dazu benutzt, um zwei „esoterische“ oder „magische“ Wege zu bezeichnen, die einander gegenüberstehen, je nachdem, ob sie eine Verhaltensethik enthalten oder nicht. Dann kamen wir dazu, den „Weg der linken Hand“ mit schwarzer Magie und den „Weg der rechten Hand“ mit weißer Magie zu identifizieren. Hierbei handelte es sich jedoch um Erweiterungen und missbräuchliche Anwendungen, die von der zweifelhaften Persönlichkeit Helena Petróvna Blavatsky (1831-1891) eingeführt wurden. Im tantrischen Buddhismus bezeichnen diese beiden Wege lediglich den Gebrauch oder Nichtgebrauch der Schöpferkräfte, Energien oder Kräfte (*śakti* auf Sanskrit), die in ihrer symbolischen Welt einen „weiblichen“ und sexuellen Charakter haben. In einigen geheimen tantrischen Ritualen wird diese Symbolik von einer Frau verkörpert und inszeniert. Mit der Form einer sexuellen Vereinigung kann eine Entartung dieser Praktiken nicht ausgeschlossen werden.

BB. Es ist sicherlich ein großer Sprung: vom apophatischen und asketischen Buddhismus des Buddha zu teilweise sexuellen Riten!

ALF. Im Ernst, sagen wir, dass wir mit Tantra dazu zurückkehren, der Realität einen Wert zu geben. Auch hier ist es ein Gegengewicht. Im Christentum gab es eine Zeit lang eine Verachtung des Körpers und der Natur, bis ein Hl. Franz von Assisi die Dinge wieder ins rechte Licht rückte. Die Natur und der Körper können angemessene Mittel für die höchste spirituelle Verwirklichung sein. Und wenn man darüber nachdenkt, hat die Esoterik in ihren reinsten Manifestationen immer versucht, den Körper, den Kosmos, die Energien und die Wunder der Natur aufzuwerten. Und sicherlich war dies niemals Materialismus oder „Libertinage".

BB. Aus dieser Sicht gibt es zwar Sex im Tantra, aber keine Sexualität im Sinne von Libido.

ALF. Es geht im Wesentlichen darum, diese sexuellen Energien umzuwandeln und wieder aufzunehmen, indem sie in etwas anderes umgewandelt werden, und aus dieser Umwandlung kann die Erleuchtung hervorgehen. Kurz gesagt, wir befinden uns hier nicht in der Ordnung des Verlangens. Andererseits kann Nirvana, wie Nāgārjuna , der größte Metaphysiker des Buddhismus, schrieb, auch als „das vollkommene Wissen um die phänomenale Existenz" definiert werden.[80]

BB. Und was ist mit dem *Kālacakra-Tantra*?

ALF. *kālacakra*, ein hybrider und polysemer Begriff – auch der tibetische Begriff – wird gewöhnlich mit „Rad der Zeit" übersetzt und bezeichnet schließlich eine Reihe von Texten und yogischen Methoden des tantrischen Buddhismus.

BB. Was würden Sie zu diesen Riten und Methoden sagen?

## *Buddhistische Esoterik und Mandala*

ALF. Soweit ich weiß - da es immer eine gewisse Vertraulichkeit über bestimmte Praktiken gab und nicht alles schriftlich festgehalten wurde. Die Praxis soll in zwei Phasen unterteilt sein: in der ersten Phase verwandelt der Tantrika durch komplexe Visualisierungen die Welt in ein *Mandala*[81] und

---

[80] „*Saṃsāra* unterscheidet sich in keiner Weise von *nirvāṇa*. *Nirvāṇa* ist nicht anders als *Saṃsāra*. Die Grenzen von *nirvāṇa* sind die Grenzen von *Saṃsāra*. Es gibt keinen Unterschied zwischen diesen beiden"; Nāgārjuna, *Mūla-madhyamaka-kārikā,* XXV, 19-20.

[81] Mystisches Diagramm, eine geometrische Zeichnung, die aus verschiedenen Materialien hergestellt und für rituelle oder meditative Zwecke

identifiziert sich mit einer Gottheit als Ausdruck der erleuchteten Natur, wobei er die gewöhnliche Art, sich selbst und die Welt zu sehen, aufgibt; in der zweiten Phase arbeitet er an den Lebensatmen und deren Zirkulation im Körper und vollendet in der Realität, was er in der ersten Phase durch seine Gedanken erschaffen hat. Ich würde die Möglichkeit eines Erfolgs dieser Methoden ausschließen. Der Grund dafür ist, dass das Ergebnis dieser sehr komplexen Praxis in keiner Weise garantiert werden kann und es notwendig ist, sie unzählige Male unter der Leitung eines erfahrenen Meisters zu wiederholen. Das *Mandala*, das von Zeit zu Zeit gezeichnet und dann zerstört wird, dient diesem Zweck sehr gut.

BB. Was würden Sie über Mandala als solches sagen?

ALF. Es repräsentiert den Schüler und seine Beziehung zur phänomenalen Welt, aber auch zum Kosmos als Ganzes und zum Wesen, das wir mit all seinen Fähigkeiten sind. Ein Mandala zu zeichnen und darüber zu meditieren, ist wie das Durchqueren und Erleben verschiedener Seinszustände. In der tibetischen Tradition werden Mandalas in verschiedene Kategorien eingeteilt: solche aus Farbpulver, auf Leinwand gemalte Mandalas und solche, die durch Meditation entstehen. Aber auch der menschliche Körper ist ein Mandala. Im Westen ist es wahrscheinlich nur wenigen bekannt, aber das Mandala aus farbigem Pulver ist für Menschen gedacht, deren Bewusstsein nicht sehr weit entwickelt ist. Das sind wir alle! (lacht)

BB. (lacht) Und zum Schluss zu den „sexuellen" Ritualen?

ALF. Der Eingeweihte wird zu einer Form von „unbewegter" und höchster Freude geführt, die genau mit *nirvāṇa* selbst identifiziert wird. Gewöhnliches Vergnügen hat nur wenig mit diesem höchsten Vergnügen zu tun. Physisches

---

sowohl im Hinduismus als auch im Buddhismus verwendet wird. Siehe Giuseppe Tucci, *Théorie et Pratique du Mandala,* Fayard, 1974.

Vergnügen führt zwar dazu, dass der Einzelne eine Art Ekstase erlebt, eine vibrierende Freude, aber es ist immer noch ein Ego, das fühlt; während der Zustand, den der Tantrika erreicht, einer völligen Vereinigung mit dem Ganzen entspricht, die nur dem überindividuellen Selbst angehören kann.

### *Praktische Esoterik: Zen*

BB. Um diese kurze Annäherung an die buddhistische Esoterik zu vervollständigen, sollten wir vielleicht die Schulen des japanischen Buddhismus erwähnen, die der Überlieferung nach von dem legendären indischen Mönch Bodhidharma gegründet wurden und im Westen unter dem Begriff Zen bekannt sind. Was bedeutet dieses Wort bereits?

ALF. Dieser Ausdruck leitet sich von dem chinesischen Wort *Chán* ab, das wiederum eine Interpretation des Sanskritwortes *dhyāna* („Vision") ist, das in der Lehre Buddhas die graduellen Bewusstseinszustände anzeigt, die zu einem tiefen Verständnis führen und aus der meditativen Konzentration resultieren. Diese Form der Meditation wurde nach China und später nach Japan exportiert, wo sie jedoch eine besondere Physiognomie annahm, die mit dem spezifischen Charakter dieses Volkes verbunden ist.

BB. Ist Zen Ihrer Meinung nach also Esoterik?

ALF. Ich würde sagen, ja. Eine fast reine, innewohnende Esoterik wie die des Buddha . In der Tat handelt es sich auch hier um eine direkte Schöpfung aus der metaphysischen Erfahrung. Ich sage Erfahrung nur der Klarheit halber, denn eigentlich sollten wir von reiner Gnosis sprechen, von einer blendenden Intuition, einem Verständnis der Realität in ihrer Gesamtheit und einer Aktualisierung seiner Buddha-Natur.

BB. Wenn es letztendlich um die Meditationspraxis und ihre Ergebnisse geht, wie kann man dann die Existenz so vieler Schulen erklären?

ALF. Tatsächlich gibt es mehrere Schulen des Zen-Buddhismus, aber sagen wir, dass mehr oder weniger alle die Praxis der Meditation in den Mittelpunkt stellen. Die Differenzierung erfolgt durch andere Elemente, die für die institutionelle Esoterik typisch sind, wie z.B. die Weitergabe der magistralen „Linie", die Übernahme bestimmter spezifischer traditioneller Texte, besonderer Meditationstechniken, bestimmter Riten und Zeremonien usw. Die meisten Zen-Schulen sind in der Lage, sich von den anderen zu unterscheiden.

BB. Würden Sie sagen, dass diese Zunahme an Schulen ein Verlust für die Esoterik ist?

ALF. Ein Verlust und ein Gewinn zugleich. Ein Zeichen von Schwäche, aber auch von Stärke. Die Esoterik ist viel eher als die Religion im engeren Sinne in der Lage, sich anzupassen und die unterschiedlichsten Formen anzunehmen.

### *Esoterik des Kleinen und Großen Fahrzeug-Buddhismus*

BB. So würden Sie auch den Übergang des Buddhismus vom Kleinen zum Großen Fahrzeug erklären, vom Ideal des *Arath* (Befreiten) zum *Bodhisattva*[82] ?

ALF. Ich denke nicht, dass es sich hierbei um zwei verschiedene „Ideale" handelt, sondern esoterisch gesehen um eine unterschiedliche Rezeption und ein unterschiedliches Verständnis desselben Ideals. Der *Arath* arbeitet nicht nur für sich selbst und der *Bodhisattva* arbeitet nicht nur für andere. In jedem *Arath* gibt es einen *Bodhisattva* und in jedem *Bodhisattva* einen *Artah.* Die esoterische spirituelle Realität widerspricht sich nie; der Mensch schon, und zwar sehr oft (lacht).

BB. (lacht) Das ist wahr! Und man muss sich daran gewöhnen, mit den Widersprüchen zu leben. Möchten Sie noch etwas hinzufügen?

---

[82] Der *Bodhisattva* verzichtet auf die höchste Befreiung aus Mitgefühl und um alle anderen Wesen zu retten.

ALF. Ich sehe es nicht. Diese ersten Hinweise sollten ausreichen; der Leser kann dies weiter ausführen, wenn er möchte!

# Kapitel XIII

# Taoistische ESOTERIK

*Der Ferne Osten, insbesondere China, ist bei weitem keine Ausnahme in der Esoterik. Seine Besonderheiten sind in Bezug auf die Metaphysik wohlbekannt, aber wie steht es mit den damit verbundenen Esoteriken?*

BB. Wir haben die Esoterik in Verbindung mit den wichtigsten religiösen Traditionen der Welt, sowohl der westlichen als auch der östlichen, besprochen und müssen nun, um das Bild zu vervollständigen, die Komplexität des Taoismus betrachten. Dank Guénon und vielen anderen (Granet, Wieger, Matgioi[83], Maspero, Kaltenmark, Robinet, Anne Cheng , Conche, Laurant, Laude, Pregadio, Sablé...) ist der Taoismus in Europa nicht unbekannt, aber wie steht es insbesondere mit den damit verbundenen Esoterismen?

## *Esoterischer, religiöser, ethischer Taoismus?*

ALF. Sie sagen „Komplexität des Daoismus", und in der Tat ist dies eine Realität, die für uns im Westen nicht leicht zu verstehen ist. Glücklicherweise verfügen wir über eine umfangreiche Literatur zu diesem Thema, die uns die Arbeit erleichtern kann. In Italien haben wir die hervorragende Literatur des großen Lionello Lanciotti (1925-2015) und ich hatte das Glück, den Orientalisten Pio Filippani Ronconi (1920-2010) zu kennen, der diese Tradition gründlich studiert hatte.

[83] Das „Auge des Tages", Pseudonym von Albert Puyou, comte de Pouvourville (1861-1939).

Sagen wir, dass ich das Wenige, was ich über den Taoismus, seine Methoden und Doktrinen weiß, vor allem durch ihre Studien gelernt habe. Natürlich vergesse ich auch nicht die Beiträge von Marcel Granet, Henri Maspero, John Blofeld, Albert de Pouvourville, um nur einige zu nennen.

BB. Alle diese Gelehrten scheinen darin übereinzustimmen, den Taoismus als eine Religion, eine Ethik, eine Weltanschauung und Esoterik zu definieren. Können Sie zunächst etwas über seinen Gründer sagen?

***Aus der „axialen Periode".***

ALF. Anscheinend ein sehr weiser „Alter Herr" (Lao jun). Der Name, unter dem er weltweit bekannt ist, ist Laozi („Lao Tse"), was wörtlich übersetzt „altes Kind" oder auch „junger alter Mann" bedeutet. Natürlich können wir nur vermuten, dass diese Person wirklich existiert hat, da es auch keine eindeutigen historischen Beweise für sie gibt. Der Name ist offensichtlich ein Epitheton, ein Heteronome oder sogar ein „Initiationsname". Interessant ist jedoch, dass seine „Persönlichkeit" plötzlich zusammen mit der von Konfuzius (551-483), Pythagoras (540-480), Jina (gest. 527) und Buddha (563-483) auf der Bühne dieser Welt erscheint.

BB. In der sogenannten „*Achsenzeit*", wie der Philosoph Karl Jaspers (1883-1969)[84] sagt.

ALF. Genau das ist es! Mit „Achsenzeit" meinte Jaspers die Zeit zwischen 800 und 200 v. Chr., in der Persönlichkeiten von bemerkenswertem geistigem Format auftraten, die den Lauf der Geschichte veränderten. Jaspers erwähnte auch Zarathustra, Jesaja, Homer, Parmenides, Heraklit, Platon, Aristoteles, etc. Nach Ansicht des deutschen Philosophen veränderten diese Persönlichkeiten die Art und Weise, wie der

---

[84] *Vgl. Origine et sens de l'Histoire (Ursprung und Sinn der Geschichte)*, trad. Hélène Naef, Paris: Pion, 1954.

Mensch denkt, d.h. man beginnt, über das Denken nachzudenken, aber ich sehe darin etwas anderes und viel Wichtigeres.

BB. Was ist das?

ALF. Ein Ereignis von enormer spiritueller Natur, eine Manifestation auf der Erde von dem, was ich die „goldene Kette" nannte, von der einige dieser außergewöhnlichen Figuren leuchtende Ringe waren.

BB. Und welche Beziehung sehen Sie zwischen diesen Figuren und den früheren Traditionen?

ALF. Eine sehr starke Verbindung wie immer, aber ihre Rolle war es, zu erneuern, d.h. die Tradition an die neuen Bedürfnisse der Zeit anzupassen. Meiner Meinung nach muss diese Transformation sehr ernst genommen werden, wenn wir nicht Gefahr laufen wollen, die Rolle dieser großen Persönlichkeiten in der menschlichen Geschichte zu schmälern.

BB. Was den Taoismus betrifft, was war die vorherige Tradition, die Laozi erneuerte?

### *Der Ursprung der taoistischen Esoterik*

ALF. Dies ist die Geschichte des legendären chinesischen Kaisers Fuxi oder Fu Hsi, dem das berühmte *Buch der Wandlungen*, das *Yi King*, zugeschrieben wird. Ob diese Person wirklich existierte oder eher, wie Guénon meinte, das Symbol „einer intellektuellen Funktion" war, spielt keine Rolle. Auf jeden Fall ist das, was in diesem außergewöhnlichen Text berichtet wird, noch immer nur die Niederschrift eines Wissens, das ihm vorausgeht, einer mündlichen Tradition, von der wir sehr wenig wissen. Es ist klar, dass es beim Übergang von der Mündlichkeit zur Schriftlichkeit unweigerlich zu einer Verarmung kommt – ganz abgesehen davon, dass es auch zu Formen der Hybridisierung und Kontamination mit falschen Überzeugungen, exogenen Doktrinen und weiß Gott was noch alles kommen kann.

BB. Die Gefahr des Synkretismus, die wir bereits angesprochen haben.

ALF. Das ist völlig richtig! In der Vorgeschichte der chinesischen Tradition finden wir auch blutige Elemente wie Menschenopfer, die leider lange Zeit die Geschichte fast aller bekannten Zivilisationen befleckt haben, sicherlich mit einigen Ausnahmen. Man sollte jedoch nicht alles über einen Kamm scheren: Gesellschaften, die auf Opferpraktiken und Ritualmord basieren, sind nicht, wie einige moderne Aufklärer meinen, der Ursprung der Religion und des Heiligen, sondern stellen vielmehr deren totale und absolute Umwälzung und Verdrehung dar. Die Herausforderung besteht darin, zu einer früheren Phase zurückzukehren, in der es keine Spuren dieser Opfer gibt.

BB. Der Bauer Kain opfert den Hirten Abel.

ALF. Genau das ist es! Es ist jedoch eine Tatsache, dass die wahre Esoterik und die Persönlichkeiten, die in der „axialen Periode" auftauchten, wie Laozi, der „Gesandte des Himmels" (*tian ming*), dazu beitrugen, diese Praktiken zu unterbrechen.

BB. Aber scheinen die von Ihnen erwähnten Sinologen, vielleicht mit der einzigen Ausnahme des Esoterikers Matgioi, nicht zuzustimmen, dass der frühe Taoismus eine Form des Schamanismus war?

ALF. Tatsächlich ist der Historiker in gewisser Weise beruflich gezwungen, über diese Realität in Form von kulturellen Kategorien, Kasten, Hybridisierungen, Anleihen und zeitlicher Abfolge zu sprechen. Zuerst dies, dann das usw. Kurz gesagt, die historische Disziplin läuft immer Gefahr, sowohl die synchronen als auch die achronischen, zeitlosen, nicht klassifizierbaren Phänomene zu ignorieren. Man möchte den Schamanismus als Vorläufer der Religion oder als eine archaische, primitive Form der Religiosität darstellen. Und dann werden die disparatesten Elemente einbezogen: Überzeugungen, religiöse Praktiken, magisch-rituelle, ekstatische, ethnomedizinische Techniken etc. Aber Gott sei Dank sind nicht alle Schamanen gleich! Der Schamane kann ein Zauberer oder ein Scharlatan sein, aber er kann auch ein Seher, ein Mystiker, ein göttlicher Bote oder, wie die taoistischen sagen würden, ein „wahrer Mensch“ (*Chenn-jen*) sein. Einige Formen des Schamanismus verschmolzen mit dem Taoismus und es gab und gibt einen schamanischen Taoismus, aber immer um einen zentralen Kern ursprünglicher Wahrheiten herum, die, wie ich es sehe, von oben inspiriert wurden oder von einer Form himmlischer oder spiritueller Erfüllung diktiert wurden, die nichts mit dem zu tun hat, was man normalerweise unter Schamanismus versteht.

### *Taoistische Esoterik und Politik*

BB. Der Taoismus hatte auch oft eine politische Bedeutung. Es gab taoistisch inspirierte Volksaufstände und der Taoismus wurde sogar zu einer „Staatsreligion“. Was hat das mit Esoterik zu tun?

ALF. Ich denke, dass diesen Aufständen ein echter Wille zur Wiederherstellung einer – taoistisch gesprochen – universellen Ordnung zugrunde lag:. Übrigens sind das *I-King* und das *Tao te King* auch Handbücher für gute Regierungsführung. Eine allumfassende und einheitliche Vision des Kosmos kann nichts außerhalb von ihr lassen, nicht einmal die Gesellschaft, nicht einmal die Politik. Die politischen oder, wie Silvano Panunzio gesagt hätte, metapolitischen Implikationen finden sich auch bei Platon und bei Pythagoras. Was nun die Beziehung zwischen Politik und Esoterik betrifft, auf die wir hier nicht einmal kurz eingehen können, sei auf die ausgezeichnete Zeitschrift „*Politica Hermetica*“ verwiesen, in der man dichte und aufschlussreiche wissenschaftliche Seiten zu diesem Thema findet.

BB. Würden Sie sagen, dass der frühe Taoismus elitär war, wenn Sie Ihre Kriterien für Esoterik zugrunde legen?

ALF. Elitär, ja, in dem Sinne, dass es von Meister zu Schüler weitergegeben wurde.

### *Vom Weg des Dao*

BB. Und was ist mit der entsprechenden esoterischen Tradition geschehen?

ALF. Formal wurde es vor allem im *Tao Te King* oder *Dao de Jing* in der etablierten Transliteration, dem sogenannten *Buch der Fünftausend Worte,* überliefert.

BB. Was genau ist mit „*Dao*" gemeint?

ALF. „*Dao*" bedeutet „Weg", der „Weg", auf dem die Dinge zu dem werden, was sie sind, oder vielmehr wieder zu dem, was sie sind. Im Grunde denke ich, dass der Vergleich mit dem „unbeweglichen Motor" von Aristoteles akzeptabel sein kann, da das *Dao* alles bewegt, aber von nichts angetrieben wird, es handelt, ohne von etwas angetrieben zu werden und ohne seinerseits zu handeln (das berühmte *wei-wu-wei*, „handeln ohne zu handeln"). Mit anderen Worten, es ist eine den Dingen immanente Ordnung, eine intrinsische Qualität, etwas, das die Dinge sein lässt und gleichzeitig eine Art und Weise ist, wie die Dinge sein können.

BB. Befinden wir uns hier auf dem Gebiet der Metaphysik oder der Kosmologie oder beidem?

ALF. Paradoxerweise – wie Sie wahrscheinlich sagen würden – scheinen mir die beiden Bereiche hier untrennbar miteinander verbunden zu sein. Es scheint, als ob wir von der Natur zu Gott zurückkehren, oder zumindest könnten viele von uns dies so sehen. Ich denke jedoch, dass unsere theologischen und philosophischen Kategorien hier unzureichend sind und dass nur ein Taoist, der seinem Weg folgt, die Bedeutung wirklich verstehen kann. Vor allem kann er ihn, selbst wenn er ihn verstanden hat, nicht mit der Strenge erklären, die wir Logiker erwarten würden, da das Geheimnis des *Dao* und das weiter entfernte Geheimnis des „Großen *Dao*" in der Tat unantastbar bleibt. Es ist unantastbar, weil es unaussprechlich ist. Um seine Qualitäten zu bewahren, muss das *Dao* verborgen – oder leer – bleiben und daher darf es nicht gesagt werden, aber gleichzeitig muss man sich mit ihm verbinden und daher muss man es denken und indem man es denkt, sagt man es in gewisser Weise und deshalb gibt man ihm schließlich einen Namen.

BB. Welches Symbol wäre am besten geeignet, um darüber zu sprechen?

ALF. Der taoistische Kanon ist sehr reich an Bildern und Symbolen, die das *Dao* erklären. Zum Beispiel die Luft und das Wasser. Das *Dao* verbreitet sich wie die Luft – ein Bild, das mit Universalität und Transzendenz in Verbindung gebracht werden kann – und ist gleichzeitig im Atem eines jeden Menschen präsent – Immanenz. Ebenso ist Wasser in der Lage, Hindernisse zu überwinden und sich an alle Oberflächen und Behälter anzupassen – Universalität –, aber es verliert niemals seine Natur und seine Integrität – Immanenz. Das *Dao* ist alles und gerade, weil es alles ist, ist es nicht fassbar. *Servata distantia*[85] , die Evangelien erinnern daran: „Der Wind weht, wo er will, und du hörst sein Rauschen; aber du weißt nicht, woher er kommt und wohin er geht. So ist es bei jedem Menschen, der aus dem Geist geboren ist" (Joh III, 8).

## *Dao et Deus absconditus*

BB. Würden Sie eine Analogie zwischen dem *Dao* und „unserem" *Deus absconditus* sehen?

ALF. Wir lesen es im Alten Testament: „*Vere tu es Deus absconditus*", „aber du bist ein Gott, der dich verbirgt" (Jes XLV, 15). Natürlich gibt es eine Analogie in der Tatsache,

85 „Distanz gewahrt", „alle Proportionen gewahrt".

dass die Inkommensurabilität und Unfassbarkeit Gottes und damit die Unmöglichkeit für den Menschen, ihn vollständig zu erkennen, erfasst wird. Dies ist ein Konzept, das von vielen christlichen Denkern akzeptiert wurde, von Nikolaus von Kues bis Blaise Pascal. Ich denke jedoch, dass wir uns auf Heraklit von Ephesus beziehen müssen, um eine viel strengere Analogie zu finden. Einige Forscher haben eine Analogie zwischen der "Einheit der Gegensätze", die in Heraklits Denken auftaucht, und der typischen Polarität des chinesischen Taoismus vermutet. Andere fanden auch starke Übereinstimmungen zwischen seinem Konzept der *Physis* als „spontane Ordnung" und dem *Dao*.

BB. Sie beziehen sich auf die Wirkung des *Dao* durch die Vermittlung der beiden entgegengesetzten kosmischen Prinzipien, *Yin* (schwarz) und *Yang* (weiß)…

## *Yin und Yang*

ALF. *Yin* und *Yang* hatten mit der Dualität von Tag und Nacht zu tun, oder genauer gesagt mit der dunklen und der sonnigen Seite der Berge. Diese beiden Prinzipien sind in der Tat die Grundlage vieler traditioneller chinesischer Wissenschaften, von der Alchemie bis zur traditionellen Medizin, von den Kampfkünsten bis zum *Yi Jing* selbst. Natürlich muss man zwischen komplementären kosmogonischen Prinzipien und ihrer Widerspiegelung im Leben unterscheiden. Es ist ein Konzept, das man als polar oder bipolar bezeichnen könnte, wobei die Taoisten sagen, dass es vor der Erschaffung des Universums nur *Wou-ki* gab, d.h. den „Apolaren" oder den „Pollosen". Dann erschien das, was sie *Tai-ki* nennen, der „Höchste Pol", der sich später in *Tien* (Himmel, Essenz) und *Ti* (Erde, Substanz) aufteilt. Diese Polarisierung bleibt auf der prinzipiellen Ebene bestehen und erst als der Kosmos sich manifestierte, fanden wir die komplementären kosmischen Prinzipien *Yin* und *Yang*.

Ich möchte sagen, dass das große Geheimnis des *Dao* genau darin besteht, dem Menschen zu offenbaren, dass die Natur der Dinge „Beziehung", „Verbindung" ist.

BB. Es sind diese Vorstellungen, die als „esoterisch" bezeichnet werden können…

ALF. Es handelt sich hierbei um eine Wahrheit, die nicht auf Gedanken oder einfache mentale Prozesse zurückzuführen ist, sondern um ein Wissen höherer Ordnung. Und hier befinden wir uns im Herzen der Esoterik als eine Form des kosmischen und metakosmischen Wissens. Durch ein Leben in völliger Symbiose mit der Natur und ihren Rhythmen gelingt es einigen Menschen mit einer besonderen Sensibilität und außergewöhnlichen spirituellen Gaben, die Geheimnisse des Kosmos zu erfassen. Und dann gibt es diejenigen, die die Fähigkeit haben, dieses Wissen in Symbole, Bilder, Worte und diskursive Weisheit zu übersetzen. Der Verfasser des *Dao de jing* besaß alle diese Fähigkeiten.

### *Taoistische Esoterik und Alchemie*

BB. Und was ist mit der chinesischen Alchemie?

ALF. Das ist eine sehr komplexe Angelegenheit (lacht). Es wird gesagt, dass die chinesische Alchemie an der Suche nach Unsterblichkeit interessiert war, sowohl durch verschiedene „magische" Elixiere und Gebräue als auch durch komplizierte Methoden und Techniken der endogenen Transmutation des Körpers, die auf einer genauen Kenntnis der „okkulten Physiologie" des Menschen basierten. Einige halten dies für unbegründete Spekulationen, während andere meinen, dass alles wahr sei. Wie so oft liegt die Wahrheit irgendwo dazwischen: Einerseits verwendete die chinesische Alchemie Chemikalien aus Mineralien, Metallen und anderen natürlichen Substanzen, die sich oft als schädlich oder sogar tödlich für diejenigen erwiesen, die törichterweise die Kühnheit besaßen, sie zu sich zu nehmen. Andererseits entwickelte sich gerade wegen dieser Misserfolge eine sehr raffinierte *innere* Alchemie, die der des hinduistischen Yoga ähnelt und auf Meditationstechniken, Diätetik und physiologischen Praktiken beruht. Ein brillantes literarisches Zeugnis davon ist die Abhandlung *Das Geheimnis der Goldenen Blume.*[86]

BB. Meines Wissens ist dies der einzige bekannte vollständige Text über die chinesischen Initiationspraktiken.

ALF. Das kann ich bestätigen. Bis heute gibt es keinen anderen Text, der so vollständig, präzise und in eine europäische Sprache übersetzt ist. Es war der große Sinologe Richard Wilhelm (1873-1930), der ihn aufspürte und ins Deutsche übersetzte, und sein Freund Carl Gustav Jung, der seinen *Kommentar zum Geheimnis der goldenen Blume* schrieb.[87]

### *Taoistische Esoterik und das Streben nach Unsterblichkeit*

BB. Kommen wir auf das Streben nach Unsterblichkeit zurück, dass ein wiederkehrendes Thema im chinesischen Taoismus zu sein scheint. Was sind seine esoterischen Grundlagen?

ALF. Nun, ich würde sagen, die Mysterien des Todes und des Jenseits. Esoterik hat immer eine gewisse Vertrautheit mit dem Tod gehabt, mit dem „zweiten Tod" und dem „psychischen Tod". Daher ist die chinesische Esoterik keine Ausnahme. Der Taoist strebt nach Unsterblichkeit, weil auch er den Tod überwinden will. Natürlich hat dieses Streben auch zu Missverständnissen und immer wiederkehrenden Abweichungen geführt, nicht nur in der chinesischen Volkskultur, sondern auch, und das muss man ehrlich sagen, bei einem gebildeteren und intellektuell anspruchsvolleren Publikum. Letztere sind hauptsächlich für die Verbreitung einer falschen

---

[86] Lu Tsou (oder Lu Yen), *TaiYi Kin Houa Tsoung Tchi* (8. Jahrhundert).
[87] Zum Beispiel Paris: Médicis, Neuauflage 1998.

esoterischen Literatur verantwortlich, die dem wahren Daoismus großen Schaden zugefügt hat.

BB. Die Idee, dem körperlichen Verfall und möglicherweise dem Tod zu entgehen, ist jedoch sehr alt und nicht nur in China verbreitet.

ALF. Es gibt keinen Zweifel! Es gibt Spuren davon in ganz Asien bis hin zum prädynastischen Ägypten. Wenn wir an die christliche Vorstellung von der „Auferstehung des Fleisches" denken, weichen wir nicht sehr weit von dieser Idee ab. Die Auferstehung des Fleisches ist für uns eine absolut reale Tatsache, aber es gibt diejenigen, die sie in einem materialistischen Sinne interpretieren. Etwas Ähnliches ist, glaube ich, mit der Unsterblichkeit in der chinesischen Tradition geschehen. Im Taoismus wird die physische Unsterblichkeit in verschiedenen Graden verstanden.

BB. Und was wäre der höchste Rang?

ALF. Der Aufstieg zum Himmel am helllichten Tag. Die taoistischen Texte drücken sich folgendermaßen aus. Der Taoist, der den höchsten Grad der spirituellen Verwirklichung erreicht hat, ist in der Lage, seinen gesamten Körper in das Unsichtbare zu versetzen, ohne Spuren zu hinterlassen. Sogar die chinesischen historischen Dokumente belegen dies, zumindest sagen uns das die Sinologen. Diese Apotheosen sollen in Anwesenheit von Hunderten von Zeugen stattgefunden haben. Natürlich können wir nicht wissen, ob dies wahr ist, aber ich vermute, dass es so sein könnte. Andererseits berichtet auch unsere Bibel von ähnlichen Fällen, siehe Henoch und Elijah , nicht zu vergessen die Himmelfahrt Marias.

BB. Schließlich hatten und haben sogar einige indische und tibetische Yogapraktiken das gleiche Ziel.

ALF. Natürlich ist es das. Und andererseits muss man die Tatsache berücksichtigen, dass der chinesische Taoismus auf verschiedene Arten hybridisiert wurde, insbesondere mit dem Buddhismus, aber vor allem mit dem tibetischen Tantrismus.

## *Taoismus: eine Esoterik*

BB. Sehen Sie daher den Daoismus als reine Esoterik und Laozi als „Vater" der Esoterik?

ALF. Ja, das ist der Fall. Der ursprüngliche Impuls des Daoismus ist eng mit der Esoterik verbunden. Zu Beginn war die Beziehung zwischen dem Adept und dem Meister und zwischen dem Adepten und den „spirituellen Kräften" von grundlegender Bedeutung. Die hierarchische Ordnung, die Doktrin und die entsprechenden Riten kamen erst später, ebenso wie die „taoistische Religion" in ihrer institutionellen Form. Laotzi oder jemand in seinem Namen schrieb die Lehren und in diesem Sinne kann er als der „Vater" einer „Schule" betrachtet werden. Aber dann muss man sofort daran erinnern, dass Chinesisch eine ideographische und symbolische Schrift ist, die sehr schwer in diskursives Denken umzusetzen ist. Ich habe fünf Versionen des *Dao de Jing* und sie sind alle sehr unterschiedlich. Daher glaube ich, dass der Daoismus für die meisten von uns fast unzugänglich ist und dass einige seiner Lehren nur von einem esoterischen Standpunkt aus, also *ab intra*, durch Identifikation, betrachtet – und ich würde nicht sagen verstanden – werden können.

BB. Abschließend, was würden Sie über den Hauptzweck des Daoismus aus esoterischer Sicht sagen?

ALF. In perfekter Harmonie mit der Welt zu sein, im Frieden des Herzens und, kurz gesagt, in ursprünglicher Einfachheit. Was mich betrifft, hätte Laozi auch Analphabet sein können (und vielleicht war er es wirklich) und seine wahre Lehre „stumm". Sicher ist, dass seine „Erfahrung" sich nicht von der Buddhas unterscheidet, oder von all jenen, die zu dem gehören, was ich gerne die „goldene Kette" nenne. Der synergetische Synkretismus, der sich zwischen dem Taoismus und einigen „fremden" Traditionen entwickelt hat, ist ein meisterhaftes Zeugnis dafür. In der Tat kann die Wahrheit viele Namen und viele Formen annehmen, aber in ihrem Wesen bleibt sie einzigartig. Diese grundlegende Einheit zu verstehen, nicht nur intellektuell, sondern auch, wie unsere mittelalterlichen Scholastiker sagen würden, *sub specie interioritatis* (unter dem Deckmantel der Innerlichkeit), bedeutet, ein Teil von ihr zu werden und sie der Welt zu bezeugen, wie es der große Laotzi mit unvergleichlicher Meisterschaft getan hat.

# Kapitel XIV

# Moderne Esoterik

*Der Höhepunkt der Esoterik und des Okkultismus im 19 Jahrhundert, gefolgt von der Kodifizierung der Esoterik durch René Guénon, hat die Entstehung moderner Esoterik nicht aufgehalten, auch wenn es sich dabei um das Wiederaufleben älterer Esoterik (z.B. Rosenkreuzertum) handelt. In diesem Interview soll die Relevanz moderner Esoterik diskutiert werden.*

BB. Sind *New Age*, bestimmte persönliche Entwicklungen und die Ufologie moderne Esoterik? Haben diese Denkrichtungen mehr oder weniger mit der traditionellen Esoterik zu tun?

ALF. In unserem letzten Interview sprachen wir über den Taoismus und erinnerten an die Existenz eines „Volksdaoismus", d.h. einer Esoterik, die für alle offen ist. Auf den ersten Blick, wie die Lateiner sagen würden, wäre dies eine *contradictio in adiecto*[88]. Wie kann ein Bereich, der nur wenigen Privilegierten vorbehalten ist, in die öffentliche Sphäre eintreten? Die Wahrheit ist, dass diese beiden Bereiche nichts miteinander zu tun haben. Was die Öffentlichkeit hört, ist nichts anderes als die äußere Hülle der Esoterik, und zwar in abgewandelter oder gefälschter Form, und zwar auf theoretischer Ebene. Auf der „praktischen" Ebene ist es nicht besser, denn dann werden die „Kräfte" und „Phänomene" betont und nicht die spirituellen Realitäten, die ihnen zugrunde liegen.

[88] Wörtlich: „Widerspruch in den Begriffen".

BB. Nicht zu vergessen die Vorstellungskraft und die Neugierde, die das Gesamtbild noch weiter verschlechtern.

### *Dixnevimetischer Okkultismus und zeitgenössisches New Age*

ALF. Das ist richtig. Dies gilt für das *New* Age, aber man könnte auch sagen, dass dies auch für den Okkultismus des 19. und 20.

BB. Wenn man jedoch von *New Age* spricht, bezieht man sich vor allem auf die angloamerikanische Welt und die *Underground-Kultur* der 60. Jahre, während der Okkultismus europäischer Prägung ein weniger ideologisches und vielleicht „kostümierteres" Phänomen war. Welche Unterschiede sind zwischen diesen „Bewegungen" zu sehen?

ALF. In beiden Fällen handelte es sich um „Reaktionen" auf gesellschaftlicher Ebene. Im Falle des *New Age* war es eine Reaktion auf die Massenkultur, im Falle des europäischen Okkultismus eine Reaktion auf den Positivismus und Szientismus. Und hier möchte ich sagen, indem ich eine Symbolik verwende, die der westlichen esoterischen Tradition vertraut ist, dass es immer das „Gesetz des Gleichgewichts" ist, das bestimmte Prozesse regelt: Wenn eine Kraft auf das Ende eines Hebels ausgeübt wird, wird eine Drehbewegung bestimmt, die durch eine gleiche und entgegengesetzte Kraft, die auf das andere Ende wirkt, gestoppt wird. Man spricht von einem banalen „sozialen Mechanismus", aber dieser ausgleichende oder regulierende Mechanismus, wenn man so will, wirkt in allen Bereichen des Lebens und scheint einen kosmischen Charakter zu haben.

BB. Ist es also angesichts der Esoterik der Moderne unangemessen, von „kulturellen Moden" zu sprechen?

ALF. Das meine ich, wenn „Mode" ein einfaches Verhaltensmuster bezeichnet, das sich auf kollektiver und sozialer Ebene durchsetzt. In der Tat handelt es sich hier nicht um einfache Verhaltensmuster, sondern um individuelle und kollektive Prozesse, in die extra-individuelle und extra-subjektive Kräfte eingreifen. Was hier wirkt, ist ein „Gesetz der Kompensation", von dem sogar Jung eine Ahnung hatte – nur dass er es mit der Idee des individuellen und kollektiven Unbewussten erklärte.

BB. Würden Sie sagen, dass es eine unbewusste Tendenz zum Gleichgewicht gibt?

ALF. Das trifft es genau. Und dann wäre das Interesse an „esoterischen" Tendenzen nichts weiter als ein psychogenes Symptom, das aus einem Mangel an Übereinstimmung zwischen dem Bewussten und dem Unbewussten resultiert, die im Normalzustand vorhanden sein sollte. Meiner Meinung nach gibt es jedoch viel mehr; es gibt ein ursprüngliches „Bedürfnis", das dem Menschen innewohnt und seine Rechte beansprucht. Ich spreche von Grundbedürfnissen, in diesem Fall dem spirituellen Bedürfnis, so dass es die Seele selbst und nicht nur die Psyche ist, die nach etwas verlangt, ja sogar dringend nach etwas verlangt. Es ist ein Hunger, der auf die eine oder andere Weise gestillt werden muss. Und wenn Sie hungrig sind, greifen Sie nach allem, auch nach verdorbenen, verfälschten oder gefälschten Lebensmitteln.

BB. Würden Sie sagen, dass der Neo-Spiritualismus mit gefälschten Lebensmitteln vergleichbar ist?

ALF. Natürlich ist es das! Aber Sie verstehen, dass es immer besser ist, etwas zu essen, als zu verhungern. Das Wichtigste ist jedoch, dies zu wissen, sich dessen bewusst zu sein und dann zu versuchen, etwas dagegen zu tun, indem man nach besseren, gesünderen und nahrhafteren Lebensmitteln sucht. Die Überlegungen, denen wir hier folgen, sollten auch diesem Ziel dienen.

BB. Da stimme ich Ihnen zu! Wenn Sie auf die zeitgenössischen Pseudoesoteriker zurückkommen, was sind die Elemente, die sie von der wahren Esoterik entfernen?

*Pseudo-Esoterismen und Religion*

ALF. Nun, aus meiner Sicht würde ich zunächst die Feindseligkeit gegenüber „traditionellen Religionen" nennen, die sich manchmal sogar in einer Feindseligkeit gegenüber den Institutionen selbst äußert. Ich denke hier insbesondere an den Hass auf die katholische Religion, der in der Vergangenheit von gnostischen Gruppen, „magischen", pseudo-hermetischen oder neopaischen Bruderschaften, aber auch von abweichenden Teilen der Freimaurerei geschürt wurde. Einige zeitgenössische „Esoteriker" (oder angebliche Esoteriker) – Erben einer verfälschten Buchscholastik – sprechen viel von spiritueller Toleranz, aber wenn man sie auf die Kirche anspricht, sehen sie nur Scheiterhaufen und Inquisitionen. Dass sie nichts anderes sehen, erscheint mir ehrlich gesagt ein wenig seltsam und verdächtig. Es gibt keine Fairness, kein Gleichgewicht und keine Weisheit in einem solch harten Urteil.

BB. Gehören diese Einstellungen nicht eher zu Sekten als zur „Esoterik" an sich?

ALF. Das Problem ist, dass es heutzutage schwierig ist, zwischen einer religiösen Sekte und einer esoterischen Bruderschaft zu unterscheiden. Sie sehen gleich aus und sogar die Argumentationen, die in ihnen stattfinden, haben viele Gemeinsamkeiten. Ich möchte nicht verallgemeinern, aber in den meisten Fällen habe ich festgestellt, dass dies der Fall ist. Wir können uns also nicht beschweren, wenn die Soziologen bei der Katalogisierung und Klassifizierung dieser Phänomene ein wenig durcheinanderkommen.

BB. Sie sprachen von Feindseligkeit gegenüber Institutionen. Auf welche "esoterischen" Realitäten beziehen Sie sich im Besonderen?

ALF. Ich denke an die Verbindungen einiger Bruderschaften zu subversiven Bewegungen und sogar zum Terrorismus. Vor einiger Zeit erschien in Italien ein Buch mit dem Titel *Esoterik und okkulte Politik. Von den Templern bis zu den*

*Roten Brigaden* (Dellisanti Verlag, 2005). Romeo Frigiola vertritt darin die These, dass es solche Verbindungen gibt. Natürlich ist die Materie sehr komplex und es gäbe zahllose Erklärungen und Unterscheidungen für eine genaue historische Rekonstruktion dieser Interferenzen, die ich eher als „kryptopolitisch" denn als politisch bezeichnen würde, aber wie immer, die Verbindung zwischen bestimmten Ideen, die von pseudo-esoterischen Kreisen verbreitet werden, und bestimmten verhängnisvollen Ideologien, die die Welt in den letzten drei oder vier Jahrhunderten befallen haben, ist sicherlich eine unbestreitbare Tatsache.

BB. Zum Beispiel?

ALF. Jean Guitton (1901-1999), ein maßgeblicher katholischer Philosoph des letzten Jahrhunderts, vertrat die Auffassung, dass die alte dualistische Pseudo-Disposition im zeitgenössischen Denken fortbesteht. Alle starr entgegengesetzten Auffassungen haben nicht nur eine störende Wirkung auf das psychische Gleichgewicht der Menschen, sondern können auch zu kriminellen Verhaltensweisen führen. In ähnlicher Weise, wenn man der Natur Absichten zuschreibt, indem man sie als demiurgische oder sogar bösartige Stiefmutter betrachtet – eine weitere Absurdität der gnostischen Ideologie –, wird die Möglichkeit der Bewunderung und Kontemplation für immer ausgeschaltet und kann Sorglosigkeit oder sogar Gewalt gegenüber der Natur rechtfertigen. Ich sage natürlich nicht, dass diese Ideen direkt aus der falschen Esoterik stammen, aber ich sage, dass die falsche Esoterik die ideologischen Voraussetzungen und die entsprechenden mentalen Einstellungen geschaffen hat, die dazu beitragen, den Menschen von einer richtigen und korrekten Sicht der Dinge zu entfremden.

### *Gnosis oder Gnostizismus?*

BB. Dies ist der Unterschied zwischen der wahren Gnosis und dem, was zu Recht als „Gnostizismus" bezeichnet wurde.

ALF. Und wie! Dieser Punkt kann nicht genug betont werden. Gnosis ist das Erreichen eines spirituellen Zustands, während Gnostizismus eine Verdrehung und Umkehrung des Denkens in sich selbst ist. Gnosis und Gnostizismus sind diametral entgegengesetzt.

BB. Würden Sie die Lehren der modernen „Esoterik" als „Gnostizismus" bezeichnen?

ALF. Ich würde sagen, die meisten sind es, aber in dem Sinne, dass sie Mystifizierungen, Veränderungen und Fälschungen von echten esoterischen Lehren sind. Denken Sie zum Beispiel an alles, was über die sogenannte „Reinkarnation" – eines der grundlegenden Dogmen von Pseudo-Esoterikern – gesagt und geschrieben wurde.

BB. Ich würde gerne präzisieren: Sehen Sie die heutige falsche Esoterik, oder, wenn Sie so wollen, die Esoterik der letzten drei Jahrhunderte, in Verbindung mit der wahren Esoterik oder der falschen Esoterik der Antike?

ALF. Meiner Meinung nach gibt es keine wirkliche Kontinuität, nicht einmal mit der falschen antiken Esoterik. Der Mensch und seine Umwelt haben sich so sehr verändert, dass die Verbindungen zur Vergangenheit unwiederbringlich abgebrochen zu sein scheinen. Wie die Menschen des Mittelalters und der Renaissance fühlten und dachten, wissen wir nicht wirklich. Einige Ideen, Lehren und Kenntnisse wurden jedoch tatsächlich ohne Unterbrechung weitergegeben. Aber manchmal hatten diejenigen, die sie erhielten, kein wirkliches Verständnis davon. Natürlich gibt es Ausnahmen und ich denke, dass René Guénon eine solche Ausnahme ist.

BB. René Guénon bleibt ein Rätsel. Sehen Sie ihn als einen „Scholastiker" und vielleicht als einen Studenten der Esoterik?

ALF. Das ist richtig. Alles, was wir an wirklich Wichtigem über die Esoterik sagen können, verdanken wir in gewisser Weise ihm. Mit seiner erstaunlichen Intelligenz und seiner großen Sensibilität war er in der Lage, die richtigen Dinge zu sagen. Es gab niemanden im 20. Jahrhundert, der ihm das Wasser reichen konnte - und das bis zum heutigen Tag. Er ist ein Meilenstein, ein „heiliger Thomas" der Esoterik, wenn man so will. Selbst diejenigen, die ihn kritisiert oder verunglimpft haben, verdanken ihm alles. Lassen Sie uns also klarstellen, dass wir ihn nicht zu einem Heiligen machen müssen, sondern nur von seinen Hinweisen und Lehren profitieren sollten, natürlich mit Unterscheidungsvermögen.

BB. Um auf die Pseudo-Esoterik zurückzukommen: Gibt es eine Verbindung zu der fehlgeleiteten Esoterik der Vergangenheit oder handelt es sich um zwei verschiedene Erscheinungsformen?

### *Einige zeitgenössische falsche Esoterik*

ALF. Es gibt sicherlich eine indirekte Verbindung. Ich weiß nicht, ob eine Kontinuität nachgewiesen werden kann, aber an Analogien zwischen diesen beiden Realitäten mangelt es zweifellos nicht. Jesus beschuldigte die Führer Israels - die esoterische Sekte der Pharisäer –, die richtigen „Schlüssel" zum Lesen der Heiligen Schrift vor dem Volk zu verbergen, und heute werden diese Schlüssel scheinbar jedem angeboten. Die Wahrheit ist jedoch, dass diese „Schlüssel" keine Türen öffnen und wir sind von einer Verhüllung, die die Wahrheit aus Machtgründen so weit wie möglich verbergen wollte, zu Enthüllungen von verzerrten, entstellten und verzerrten Wahrheiten übergegangen.

BB. Was ist mit den „Geheimnissen"? Es scheint, dass einige Organisationen, die angebliche Verbindungen zu authentischen esoterischen Filiationen der Vergangenheit beanspruchen, wer weiß welche beunruhigenden und schrecklichen Wahrheiten bewahren. Was denken Sie, was das ist?

ALF. Normalerweise haben diese Geheimnisse mehr mit praktischen, operativen, rituellen usw. Aspekten zu tun als mit unaussprechlichen Mysterien. Im Extremfall kann es sich um schwer verständliche Inhalte oder „Codes" handeln, die nur von einem Eingeweihten entschlüsselt werden können, um sie zum Gegenstand der Meditation zu machen. Diese Inhalte können manchmal in alten Texten eingeschlossen sein, die über Generationen hinweg aufbewahrt und weitergegeben wurden. Zu den Geheimnissen können auch obszöne Praktiken sexueller Natur gehören, die vollständig aus indischen Tantra-Praktiken erfunden wurden, d.h. im Wesentlichen pervertiert sind. Aber, wie Guénon betonte, ist das wahre „Initiationsgeheimnis" einfach der unaussprechliche und nicht kommunizierbare Teil einer Wahrheit von höherer und transzendenter Ordnung. Alles andere ist Rohmaterial, das den Eingeweihten oder besser gesagt den „Schülern" unter der Führung eines Meisters vorbehalten ist.

BB. Was diese „vertraulichen Inhalte" betrifft, so scheint von Zeit zu Zeit etwas durchgesickert zu sein.

ALF. Mehr als nur etwas. In den späten 1980er Jahren veröffentlichte beispielsweise eine Mailänder Gruppe namens „Prometheus" unter der Leitung des ehemaligen Mitglieds der Roten Brigaden: Paolo Fogagnolo Texte, die eine Art alchemistischer Operationen dokumentierten, die vom ägyptischen Osiridischen Orden praktiziert wurden: der innere und selektive Kreis der Mystischen und Therapeutischen Bruderschaft der Myriam, gegründet von Giuliano Kremmerz . Es handelte sich um „osirische" Operationspraktiken, die auf die Schaffung eines „Lichtkörpers" oder „unsterblichen Körpers der Herrlichkeit" abzielten. Ich selbst kam zu Studienzwecken in den Besitz dieser Dokumente und stellte schließlich, wie bereits erwähnt, fest, dass sie außerhalb ihres Kontextes völlig nutzloses Material waren. Ein weiteres Buch mit vielen Indiskretionen über pseudo-esoterische Gruppierungen war

Massimo Introvigne's berühmter Essay: *Il cappello del mago* [Der Hut des Zauberers].[89]

BB. Und was ist mit der Ufologie? Hat sie eine Rolle in der Pseudoesoterik der Neuzeit gespielt?

ALF. Sicherlich und das ist immer der Fall. Ich möchte jedoch klarstellen, dass UFOs (unidentifizierte Flugobjekte) eine Sache sind und dass die vielen verrückten Theorien darüber eine andere Sache sind. UFOs sind ein absolut reales Phänomen, das es wert ist, untersucht zu werden. Das Thema der Außerirdischen, das mit ihnen in Verbindung gebracht wird, ist älter als das Phänomen, wie wir es kennen, und hat sich manchmal in pseudo-esoterische Theorien eingeschlichen.

BB. Sie beziehen sich auf „Die kommende Rasse" von Bulwer Lytton und die Lam-Entität von A. Crowley.[90]

ALF. Nicht nur das. Ich beziehe mich auch auf den „Kontaktismus", der viele Verbindungen zu pseudo-esoterischen Organisationen und dem Kult der fliegenden Untertassen hat oder, wie Jean Robin es definierte, den „diskosophischen Kultismus". Zu diesen unaussprechlichen Geheimnissen, die nur kleinen Kreisen von „Eingeweihten" vorbehalten waren, gehörte auch das Geheimnis um den außerirdischen Ursprung der menschlichen Rasse und die Präsenz dieser Wesen in der Geschichte der Menschheit seit der Gründung der Welt. Heute wird dieses Thema mit größerer Selbstver-

---

[89] *Il cappello del mago. I nuovi movimenti magici dallo spiritismo al satanismo*, SugarCo (1990), nicht ins Deutsche übersetzt.

[90] Das „Porträt von Lam" ist die Skizze eines Wesens mit riesigem Schädel, die 1919 auf der von Aleister Crowley organisierten Ausstellung „Dead Souls" in Greenwich Village, New York, gezeigt und anschließend als Frontispiz in seine Zeitschrift *The Equinox* (Vol. III, Nr. I, Frühjahr 1919, Detroit (MI): Universal Publishing Co) eingefügt wurde, mit dem Hinweis: „LAM is the Tibetan word for Way or Path, and LAMA is He who goeth..." (Lam ist das tibetanische Wort für Weg oder Pfad, und LAMA ist der, der geht...).

ständlichkeit in den Freimaurerlogen diskutiert. Es sind die *Superiori Incogniti*, die von vielen Okkultisten als die Inspiratoren und Hüter der Initiation und der esoterischen Tradition angesehen werden. René Guénon hat sich ebenfalls mit diesen *Superiori Incogniti* befasst, aber es ist klar, dass er das Thema rein symbolisch betrachtet und die Außerirdischen nichts damit zu tun haben.

BB. Zu diesem Thema gibt es ein Buch von Louis de Maistre, *L'énigme René Guénon et les supérieurs inconnus. Contribution à l'étude de l'histoire mondiale „souterraine"* (*Beitrag zum Studium der „unterirdischen" Weltgeschichte*) (Mailand: Arché, 2009).

ALF. Es ist zweifellos ein interessantes Buch, das die komplexe Frage aus historischer Sicht beleuchtet, aber wir befinden uns auf dem Gebiet der Verschwörungstheorien. Guénon hingegen hat immer darauf hingewiesen, dass eine solche Frage von Historikern weder angegangen noch gelöst werden kann. Die Frage ist, ob es Individuen gibt, die die höchsten Gipfel der spirituellen Verwirklichung erreicht haben, vielleicht langlebig oder sogar unsterblich sind, wie der irrende Jude oder der Prophet Elias, S. Jean, „der Jünger, der niemals sterben wird", oder der Graf von Saint-Germain oder Fulcanelli. Guénon in *Der König der Welt*, der Ibn 'Arabī zitiert, spricht von einer „Hierarchie der Heiligen" und von „Wächtern der Welt"[91]. Im Grunde ist diese Idee nicht viel anders als das, was wir Christen als *communio sanctorum* (Gemeinschaft der Heiligen) bezeichnen.

BB. Die Gemeinschaft der Heiligen ist für die „unbekannten Oberen" das, was die Wahrheit für die Fiktion ist, oder?

---

[91] Ibn 'Arabī, *Il mistero dei custodi del mondo*, Ed. Il Leone Verde, 2001. „Das Geheimnis der Wächter der Welt", nicht ins Deutsche übersetzt.

ALF. Genau! Mit anderen Worten, die spirituelle Wahrheit wird säkularisiert. Guénon hat meiner Meinung nach dazu beigetragen, der Idee der „unbekannten Höheren" wieder eine sakrale und spirituelle Konnotation zu verleihen, während die Okkultisten ihr eine sehr legendäre und phantasievolle Konnotation verliehen haben – zumindest eine kosmologische.

BB. Ist der Prozess der Säkularisierung so zu verstehen, dass er sowohl die religiöse als auch die esoterische Sphäre betrifft?

ALF. Ich würde sagen, dass es nicht die Esoterik selbst ist, die sich säkularisiert, ebenso wenig wie es die Religion selbst ist, die sich säkularisiert. Die Wahrheit kann jederzeit und zu jeder Zeit von jedem ergriffen werden, der sich in die richtigen Bedingungen begibt, um sie zu empfangen. Was sich ändert, ist die Interpretation der Wahrheit, ihre kulturelle und soziale Übersetzung. Die Welt wird zur Fiktion und verschlingt alles in dieser Fiktion, sogar das Heiligste und Unverletzlichste.

BB. Das sagt Nietzsche in der *Götzendämmerung*: „Ich werde Ihnen erklären, wie die reale Welt schließlich zu einem Märchen wurde". Aber wann und wo beginnt dieser Prozess der Abkehr vom Kern der unantastbaren Wahrheiten hin zur Esoterik?

ALF. Wahrscheinlich ab der Erfindung der Schrift. Die schriftbasierte Dimension hat diese Ablehnung der Wahrheit sicherlich erleichtert, vor allem, weil sie die Mündlichkeit und damit die Figur des Lehrers überflüssig machte. Die Abweichungen stammen alle aus einer falschen Interpretation der alten Lehren und Doktrinen, die von denen, die sie nicht mehr verstehen konnten, übernommen oder sogar in Frage gestellt wurden.

BB. Man könnte sagen, dass die theoretisch-spekulative Dimension die mysteriöse und initiatische Dimension der Esoterik überlagert…

ALF. Ja, so etwas in der Art. Dies wird auch im Zusammenhang mit dem Übergang von der operativen zur spekulativen Freimaurerei erwähnt, aber dies ist ein Übergang, der mehr oder weniger alle „Initiationsorganisationen" der Vergangenheit betraf. Wenn bestimmte Wahrheiten schriftlich festgehalten werden, ist es üblich, dass sie missverstanden und verzerrt werden können.

BB. Im Evangelium heißt es: „Gebt die heiligen Dinge nicht den Hunden und werft eure Perlen nicht vor die Säue, damit sie sie nicht zertreten und sich umdrehen und euch zerreißen" (Mt VII, 6). Aber ist das das Schicksal der Esoterik?

### *Esoterik und Fälschungen*

ALF. Sagen wir, es ist das Schicksal von allem, was in den Bereich dieser Welt fällt, die von einem bestimmten menschlichen Typus verändert und komplexer gemacht wurde, der ab einer bestimmten Zeit vorherrschend wurde. Andererseits sind sich sogar die Religionen dieser Prozesse des Verfalls, der Versteifung und der Auflösung bewusst. Die Sonne geht auf und unter, und auch der Mond hat seine Phasen: zunehmend und abnehmend, Vollmond und Neumond, erstes Viertel und letztes Viertel. Meiner Meinung nach kann die Metapher der Mondphasen helfen, die tieferen Gründe für diese anthropologischen und sozialen Veränderungen zu verstehen. Und dies ist eine „Regel", die auch für die äußeren Formen der Esoterik gilt, aber, ich wiederhole, ein wesentlicher Kern der Wahrheit ist dort immer vorhanden und für diejenigen verfügbar, die in der Lage sind, ihn zu verstehen.

BB. Was wäre das wichtigste Kriterium, um echte Esoterik von ihren Fälschungen zu unterscheiden?

ALF. In Wirklichkeit gibt es eine und sie ist sehr einfach. Wie bereits erwähnt, setzt die Esoterik immer eine „goldene Kette“ von Meistern voraus, die den Staffelstab weitergeben. Der Meister ist derjenige, der nicht in der Lage ist, etwas zu lehren – d.h. ein einfacher Lehrer –, sondern derjenige, der die Meisterschaft weitergeben und den Schüler zum neuen Meister machen kann.

BB. Findet diese Weitergabe in den modernen „esoterischen Bewegungen“ noch von Meister zu Schüler, von Mund zu Mund statt?

### *Übertragungen und Diskontinuitäten*

ALF. Ich denke, dass in einigen sehr kleinen Organisationen, die der Öffentlichkeit nicht bekannt sind, so etwas immer noch vorkommt. Sicherlich nicht in diesen Vereinsstrukturen, die für alle offen sind und Beitrittskampagnen durchführen!

BB. Gibt es jemanden, der hier genannt werden kann?

ALF. Von allen Organisationen, die man als „esoterisch“ bezeichnen kann, hat eine gewisse Freimaurerei sicherlich noch ihre innere Gültigkeit, sowohl in Bezug auf die Initiation als auch auf die Rituale und den Reichtum an Symbolen. Dasselbe würde ich von keiner anderen bekannten Organisation behaupten. Für einen Katholiken bleibt das Problem einer solchen Doppelmitgliedschaft jedoch bestehen und ich rate offen gesagt davon ab. Zumindest so lange, bis die Kirche anders entscheidet, was ich aus vielen Gründen, die wir hier nicht erörtern können, stark bezweifle.

BB. Würden Sie sagen, dass das Prinzip der „historischen Kontinuität“ immer noch gültig ist, ohne das es keine wahre Esoterik gibt?

ALF. Ich denke, dass bestimmte Brüche und zeitliche Diskontinuitäten sicherlich ihr Gewicht haben. Wenn eine Tradition unterbrochen wird, ist es nicht möglich, sie künstlich zu rekonstruieren, indem man sie Stück für Stück wieder zusammensetzt. Es ist jedoch immer möglich, dass eine außergewöhnliche und besonders begabte Persönlichkeit durch den „Willen des Himmels" das Unterbrochene wiederherstellen und sozusagen „den Faden der Konversation" wieder aufnehmen kann. Dies ist eine Möglichkeit, die in Betracht gezogen werden sollte, ebenso wie die Möglichkeit einer „familiären" Linie der Nachfolge und Weitergabe. Aber über diese Möglichkeiten, von denen es auch wichtige Spuren und Studien gibt, die sie diskutieren, kann man meiner Meinung nach nichts Definitives und Sicheres sagen.

BB. Gab es dennoch eine „Aktualisierung" dessen, was als „traditionelle Esoterik" definiert wurde, oder gab es ein Wiederaufleben esoterischer Strömungen, die eng mit dem Kontext einer traditionellen Religion verbunden waren?

ALF. Statt von Aktualisierungen oder Wiederaufleben würde ich eher von „intellektuellen Strömungen" sprechen, die eine ähnliche Funktion erfüllten wie früher bestimmte „philosophische Schulen", die ihrerseits aus echten und sauberen esoterischen Organisationen hervorgegangen sind. Ich denke hier z.B. an das sogenannte „traditionelle" Denken, das von René Guénon eingeleitet wurde.

BB. Diese Ausstrahlung war nicht immer positiv!

ALF. In der Tat war es positiv, wenn es eine „Rückkehr zur Tradition" in einem spirituellen Sinne oder im Sinne einer Aufwertung des *Depositum fidei* der verschiedenen Traditionen stimulierte; negativ war es, wenn es zu Abschwörungen führte. Aber man muss ehrlich sagen, dass die Verantwortung für diese Abschwörungen den Missverständnissen einiger Leser zuzuschreiben ist und nicht der Botschaft selbst, die sie nie vorgeschlagen oder erbeten hat. Natürlich gibt es viele Schriftsteller, die sich von dieser Strömung inspirieren lassen, aber nicht alle haben so klare Vorstellungen, wie René Guénon sie haben könnte.

BB. Welche Autoren, würden Sie sagen, waren idealerweise mit Guénon verbunden und haben in ihren jeweiligen Traditionen im Sinne der Esoterik gehandelt?

### *Religiöse Esoterik*

ALF. Für das Christentum könnte man Abbé Henri Stéphane (1907-1985) nennen, mit dem François Chenique (1927-2012) und Jean Borella (1930) in Verbindung gebracht werden. In Italien waren Paolo Marchetti Virio und Silvano Panunzio, den ich bereits erwähnt habe, zwei Referenzautoren für die christliche Esoterik. Aber die Namen sind zahlreich und man kann von einer regelrechten „Schule der christlichen Esoterik" sprechen, die auch heute noch wertvolle Vertreter hat. Für den Islam denke ich an die vielen Meister islamischer Studien, die die Aufmerksamkeit auf die esoterischen Schulen gelenkt haben, wie Louis Massignon (1883-1962), Henry Corbin (1903-1978) und René Guénon selbst (1886-1951); für das Judentum sind die Referenzautoren diejenigen, die sich mit der Kabbala befasst haben, wie Leo Schaya (1916-1985), Gershom Scholem (1897-1982) und heute Moshe Idel (1947); für den Hinduismus: Ananda Kentish Coomaraswamy (1877-1947) und Alain Daniélou (1907-1944); für den Buddhismus: Marco Pallis (1895-1989), Jean Marquès-Rivière (1903-2000) und Alexandra David-Néel (1868-1969); für den Taoismus : Eugène Albert Puyou de Pouvourville (1861-1939) alias Matgioi, Pater Léon Wieger (1856-1933) und Marcel Granet (1884-1940); und für den Tantrismus: Sir John Woodroffe (1865-1936), auch bekannt unter dem Pseudonym Arthur Avalon.

BB. Es gibt noch so viel über jeden dieser berühmten Namen zu sagen, aber dieses Gespräch ist nun zu Ende. Abschließend verstehe ich, dass es trotz der kulturellen Erneuerung und der „religiösen Erweckung", die diese Strömungen hervorgerufen haben und für die sie sicherlich geschätzt werden müssen, im Westen nur noch sehr wenige echte esoterische Traditionen gibt?

ALF. Das ist es! Auch wenn viel darüber gesprochen wird, wie es in diesen Interviews geschieht. Wir können nur hoffen, dass es nicht nur darum geht, darüber zu reden! (Lachen).

# Kapitel XV

# Esoterik und Metaphysik

*In der Esoterik wird immer wieder auf die Metaphysik verwiesen. Diese beiden Ansätze sind jedoch sehr unterschiedlich. Dieses Interview soll die jeweiligen Ansätze und Sichtweisen verdeutlichen.*

BB. Die Metaphysik wurde insbesondere von Guénon für seine Kodifizierung der Esoterik verwendet, was, wenn nötig, seine Rolle als *Richter* in diesem Bereich beweist. Einige Esoteriken beinhalten jedoch *auch* Metaphysik. Wie würden Sie die Unterschiede zwischen den beiden Ansätzen beschreiben?

ALF. Vereinfachend würde ich sagen, dass Metaphysik die Fülle der Wahrheit ist, also das Ende, während Esoterik ein Weg ist, auf dem man zu ihr gelangen kann.

## *Reiner Intellekt und kreative Vorstellungskraft*

BB. Aber wenn wir von metaphysischen Doktrinen sprechen, handelt es sich dann nicht auch um eine Reihe von Wissen oder Prinzipien, die organisch von jemandem entwickelt wurden? Gibt es nicht auch eine „Theorie" hinter jeder metaphysischen Doktrin?

ALF. Für Platon, ist ϑεωρία (*theôria*) „die Betrachtung der Gesamtheit der Zeit und des Seins". In diesem Sinne könnte man auch sagen, dass die Metaphysik reine Theorie ist, aber das Organ, das sich am besten für sie eignet, ist sicherlich nicht die Vernunft oder das diskursive Denken, sondern der spirituelle oder reine Intellekt. Davon war auch Guénon überzeugt, der dies mit der hinduistischen *Vidya* oder dem höchsten Wissen gleichsetzte.

BB. Platon stellte klar: „Die theoretische Rede ist das letzte Mittel, um die Wahrheit zu lehren"[92]. Wenn also der reine Intellekt das Organ der Metaphysik ist, welches ist dann am besten für die Esoterik geeignet?

ALF. Ich würde, in Übereinstimmung mit Corbin, „kreative Vorstellungskraft" sagen. Wie der große islamische Gelehrte[93] erklärt, bedeutet „kreativ", dass er die unendlichen Räume der spirituellen Vorstellungskraft mit vitalen und fruchtbaren Impulsen füllt. In diesem Sinne scheint es, als ob der Esoteriker eine göttliche Eigenschaft annimmt, sozusagen die der „schöpferischen Kraft". Das Imaginative darf jedoch nicht mit dem Imaginären verwechselt werden, eine Verwechslung, in die falsche Esoterik oft verfällt. Sie sind dann nur noch das Ergebnis von Phantasien und erzeugen Illusionen. Die Illusion, die Wahrheit zu besitzen, ist im Allgemeinen etwas sehr Gefährliches und Schädliches, sowohl auf der mentalen als auch auf der spirituellen Ebene.

BB. Und welche Beziehung sehen Sie zwischen der kreativen Vorstellungskraft und dem reinen Intellekt?

ALF. Ich würde sagen, dass das Vorstellungsvermögen eine Reflexion des reinen Intellekts auf der mentalen Ebene ist. Mit der Vorstellungskraft befinden wir uns im Bereich der mentalen Fähigkeiten, die zweifellos über dem Denken stehen, aber eng mit ihm verbunden sind. Aus diesem Grund spricht man in der Esoterik von der „Reinigung des Geistes", auf die alle Meditationsaktivitäten und vor allem die Konzentrationsaktivitäten abzielen. Ein gereinigter Geist ist in der Lage, mit dem reinen Intellekt zu „sprechen", so wie, wenn

---

[92] *Brief* VII, 326a-b.

[93] Henry Corbin, *L'Imagination créatrice dans le soufisme d'Ibn 'Arabî* („Die kreative Vorstellungskraft im Sufismus von Ibn 'Arabî"), Paris: Flammarion, Coll Homo Sapiens, 1958.

Sie mir die Parallele erlauben, der gläubige Mensch mit dem Schutzengel spricht. In beiden Fällen handelt es sich um einen „himmlischen Vermittler", d.h. um den *„interiore homine"* Ausdruck eines göttlichen Attributs.

BB. Würden Sie sagen, dass je transparenter und durchlässiger die Seele für das göttliche Licht ist, desto mehr wird sich die Vorstellungskraft daran anpassen und kreative Fähigkeiten entwickeln, die Gott nachahmen?

ALF. Ich würde sagen, ja. Es ist die schöpferische Kraft ihres Intellekts, die die Seele innerlich sieht und wahrnimmt. Natürlich darf man sich nie sicher sein, dass man die Dinge richtig sagt, da man sich zuerst der Grenzen der menschlichen Sprache bewusst sein muss. Logik und Genauigkeit dürfen niemals fehlen, selbst wenn es um die höchsten Fragen geht, aber immer in dem Bewusstsein, dass es sich nur um ein Stottern und eine Annäherung an die Wahrheit handelt. Ein katholischer Theologe könnte zum Beispiel gegen alles, was bisher dargelegt wurde, einwenden, dass es ohne Treue zum Lehramt keine wahre Theologie gibt. Vielmehr wollen wir zwei Laien an ihren Überlegungen zu einem Thema teilhaben lassen, das zwar schwierig und umstritten ist, aber es wert ist, ehrlich und vor allem ohne Vorurteile behandelt zu werden.

BB. *Excusatio non petita, accusatio manifest!*[94]

ALF. (Lachen). Sie haben Recht; ich hätte dies gerne zu Beginn unserer Gespräche gesagt, sicherlich nicht, um mich zu rechtfertigen, sondern um das Bewusstsein dafür zu schärfen, dass Christen keine Angst haben sollten, ihre Ideen zu äußern, selbst wenn sie nicht strikt mit der gegenwärtigen Orthodoxie übereinstimmen. Wir dürfen nicht müde werden, nützliche Anregungen zu geben, um unser Wissen über die Dinge zu

[94] Die wörtliche Übersetzung dieses lateinischen Sprichworts mittelalterlichen Ursprungs lautet: „Unerbetene Entschuldigung, offensichtliche Anklage"; eine äquivalente Form ist: „Wer sich entschuldigt, klagt sich an".

vertiefen, die wirklich wichtig sind und die denjenigen am Herzen liegen oder liegen sollten, denen die Schlüssel zum Königreich in göttlichem Auftrag anvertraut wurden.[95]

### *Esoterik und Kosmologie*

BB. Dieser Scherz, diese Provokation hat zumindest zu dieser Klärung geführt! Kommen wir auf die Beziehung zwischen Metaphysik und Esoterik zurück, oder sollten wir nicht besser sagen, zwischen Metaphysik und Kosmologie?

ALF. Ja, wenn wir sofort klarstellen, dass wir mit Kosmos nicht die Natur oder die Umgebung der Erde als Planet meinen, sondern eine größere Realität, die das Sichtbare und das Unsichtbare einschließt. Kurz gesagt, wir sprechen von einem „inneren" Kosmos, einem Seelenkosmos, der sich im äußeren Kosmos widerspiegelt. Esoterik hat nichts mit Wissenschaft zu tun und ist auch nicht, wie einige irreführende Interpretationen behaupten, „eine andere Wissenschaft", ähnlich wie die sogenannte Parapsychologie, mit der sie heute oft verwechselt oder sogar ersetzt wird. Im Gegensatz dazu handelt es sich bei der Metaphysik um einen himmlischen Überkosmos, der jedoch in gewisser Weise auch „innerlich" ist.

BB. Und ist dies dann nicht ein Bereich, den selbst die kreative Vorstellungskraft nicht erreichen kann?

ALF. Das ist wahr! Der Kosmos ist eine Art Sprungbrett für die Seele, wie das „Grab des Tauchers" in Paestum gut darstellt. Nachdem die Seele die maximale Anstrengung erreicht hat, muss sie mit ihrer imaginativen und kreativen Fähigkeit (Dante würde von „hoher Phantasie" sprechen[96], aber

---

[95] „Weil er [Petrus] die Schlüssel des Himmelreichs empfangen hat, ist ihm die Macht anvertraut, zu binden und zu lösen; die Sorge für die ganze Kirche und ihre Regierung sind ihm gegeben" [*cura ei totius Ecclesiae et principatus committitur*]; Epist. lib. V, ep. xx, in P.L. LXXVII, 745.

[96] *Göttliche Komödie*, Paradies, Gesang XXXIII, V. 145.

das ist das gleiche) in die Tiefe des göttlichen Mysteriums oder der Ewigkeit eintauchen.

### *Esoterik und das Acte-Symbol*

BB. In welchem Sinne kann der Esoteriker also an dieser erhabenen und unaussprechlichen „Erfahrung" teilhaben oder, wie Sie sagten, den Weg dafür ebnen?

ALF. Durch das Symbol, das Symbol als Erscheinung und Epiphanie der spirituellen Wahrheit! Esoterik, wie ich sie verstehe, d.h. aus meiner Sicht, ist nichts anderes als ein aktiviertes Symbol, ein „*Mysterium*", ein „gezeigtes und aktiviertes Geheimnis" (ich benutze die Ausdrücke von Jung , ohne jedoch seinen Standpunkt zu übernehmen). Der Esoteriker ist derjenige, dem es gelingt, die in allen Dingen verborgene kosmische Symbolik zu sehen und sie zu erfahren. Und wenn diese Erfahrung wahr und aufrichtig ist, führt sie ihn unweigerlich zu dem, der der Herr aller Dinge ist, dem metakosmischen Ursprung des gesamten Universums.

BB. Handelt es sich um eine mystische Erfahrung im vollen Sinne oder um eine rein „intuitive" Erfahrung?

ALF. Das ist eine gute Frage! Ich denke, dass beides möglich ist. Beide „Ergebnisse" schließen sich nicht aus, vorausgesetzt, dass der Suchende und Eingeweihte den richtigen Weg eingeschlagen hat, ohne sich in dem komplexen Labyrinth seines Geistes zu verirren. Ich möchte hier an die Erfahrung des französischen Okkultisten Paul Sédir[97] erinnern, dem es gelang, von einer falschen Esoterik (dem Martinistenorden) durch einen echten kreativen und spirituellen Sprung zu einer Art „reinem Evangelismus" zu gelangen.

BB. Eine Ausnahme von der Regel…

---

[97] Paul Sédir (geboren als Yvon Le Loup), 1871-1926.

ALF. Zweifellos, aber es ist ein Beispiel dafür, wie Sie, wenn Sie den richtigen Geist haben und bis ins Innerste ehrlich sind, das höchste spirituelle Ziel erreichen können.

BB. Und was wäre der klassische Übergang für einen reinen Esoteriker? Können Sie wenigstens einen Namen nennen?

ALF. Es ist der Übergang von der Polarität zur Einheit, von der Dualität zur Identität. Es ist schwierig, Namen zu nennen, da die wahren Esoteriker anonym sind und ihre Namen in der Regel heteronom sind. Wir haben die Größten als die „Väter der Esoterik" bezeichnet; ich denke, ihre Beispiele und Zeugnisse sind mehr als ausreichend.

### *Metaphysik und Esoterik: Der Weg durch den „Tod".*

BB. Wenn ich mich nicht irre, verstehe ich, dass die wahren Esoteriker Ihrer Meinung nach auch autoritative „Metaphysiker" waren?

ALF. Sie sind ein sehr guter Dolmetscher! (lacht). Ich sage es ohne weitere Vorsichtsmaßnahmen: Man kann nicht in die Metaphysik eintreten, ohne vorher durch den Ort des Todes gegangen zu sein, ohne vorher eine echte „Reise in den Hades" unternommen zu haben. Dante, der meiner Meinung nach einer der größten Esoteriker der bekannten Geschichte war, hat dies in seinem außergewöhnlichen und populären Werk ausführlich bewiesen und erklärt. Aber auch Homer und Vergil sind ebenso große und wichtige Persönlichkeiten, die ich zweifellos zu den Vertretern der authentischsten „Esoterik" zählen würde.

BB. Wie Sie bereits erwähnt haben, ist die wahre Esoterik diejenige, die den Einzelnen in die Lage versetzt, „sich selbst zu sterben". Ist das richtig?

ALF. Ja, das ist richtig. Esoterik ist Katabasis (griechisch *κατάβασις*: „Abstieg", von *κατα-* „nach unten" und βαίνω „ich gehe"), was Metaphysik Anabasis (griechisch ἀνάβασις, wörtlich „aufsteigen") ist.

BB. Vielleicht ist dieser notwendige „Abstieg in die Hölle“ der Grund, warum die Esoterik so stark abgewichen ist.

ALF. Das kann man durchaus annehmen, aber ich glaube nicht, dass die Definition der „Gegeneinweihung“, die René Guénon erfunden hat, genau diese Möglichkeit der Umkehrung aufklärt. Bei einem solchen „Abstieg“ kann man sich auch verlieren und sich sozusagen an die untere Welt binden, mit allen Konsequenzen für die Seele, die man sich nur vorstellen kann.

## *Esoterischer Weg und metaphysisches Geländer*

BB. Ist es nicht so, dass eine metaphysische Perspektive ein solches Ergebnis verhindern könnte?

ALF. Ich denke, das ist richtig. Den Landeplatz von Anfang an zu kennen und sofort zu erkennen, dass man es mit übermenschlichen Kräften zu tun haben wird, könnte ein gutes Gegenmittel gegen einige Gifte sein, denen die Esoterik den Eingeweihten in gewisser Weise aussetzt. Um eine globale Katastrophe zu verhindern, müssen Sie eine globale Vision haben. Ihre Bücher (alle Ihre Bücher), und ich sage das nicht als Schmeichelei, sind in dieser Hinsicht ein großartiges und vielleicht wirklich einzigartiges Werkzeug im weltweiten Panorama der traditionellen Studien.

BB. Sie sind zu selbstgefällig, aber lassen Sie uns auf dieses Gespräch konzentrieren. Nach allem, was wir bisher gesagt haben, ist Esoterik auch ein „vollständiges Wissen“ oder eher eine Weisheit, wie Panunzio gesagt hätte. Was ist Metaphysik im Vergleich zu dieser Weisheit?

ALF. Metaphysik ist die wesentliche und unüberwindbare Grenze oder, wie die Lateiner sagen würden, das *Non plus Ultra*, die äußerste Grenze, die man erreichen kann und über die hinaus man nicht gehen kann. Es ist wichtig, diese Grenze auch auf rationaler Ebene festzulegen, da alles Menschliche endlich und begrenzt ist. Der Mensch allein kann nicht über sich selbst hinausgehen. Daher die Aufforderung „Erkenne dich selbst“ (altgriechisch γνῶθισαυτόν, *gnōthi sautón*, oder auch γνῶθι σεαυτόν, *gnōthi seautón*) des Apollon-Tempels in Delphi. Ein Wissen über das Jenseits wäre in der Tat ein völlig spirituelles „Nichtwissen“ oder „mystisches Wissen“, das nur nach einem „initiatischen Tod“ erreicht werden kann. Wenn der Samen nicht fällt und begraben wird, kann er keine Früchte tragen.

BB. Würden Sie sagen, dass die griechische Maxime eine Synthese dessen ist, was wahre Esoterik anstreben sollte?

ALF. Ja, das glaube ich wirklich. Aber es ist eine vorbereitende Gnosis für die wahre Gnosis, die metaphysischer Natur ist, also weit über die Grenzen des menschlichen Intellekts hinausgeht. Die wahre Gnosis ist göttlich und das ist es, woran die Metaphysik die Esoterik erinnert. Der unzweifelhafte Beweis für die Göttlichkeit, für den es notwendig ist, dass der Gott als in einer menschlichen körperlichen Existenz lebend begriffen wird. Aber hier betreten wir die „Mysterien“ des Christentums, die über die gegenwärtige Diskussion hinausgehen.

BB. Kann man Ihre Ausführungen dahingehend zusammenfassen, dass die esoterische Dimension nicht in den Metakosmos – den Bereich der Metaphysik – gelangt und in den Infrakosmos abdriften kann?

ALF. Ja, ich denke, das kann man so sagen, allerdings mit einer Einschränkung: Wenn der Esoteriker vom Kurs abweicht, ist die Verantwortung „persönlich“ und nicht der Esoterik selbst zuzuschreiben. Einige Ideen der Esoterik können, wenn sie falsch verstanden werden, die Situation des Einzelnen verschlimmern, anstatt sein spirituelles Wachstum zu fördern. Wenn ich von „Scheinesoterik“ spreche, beziehe ich mich daher auf bestimmte „Missverständnisse“, die durch die Unfähigkeit einiger Menschen entstehen, die wahre

Bedeutung der „esoterischen Lehren“ zu verstehen. Das Problem ist, dass diese Personen dann zu Anführern von Sekten und pseudo-spirituellen und pseudo-religiösen Gruppierungen werden, die letztendlich einen negativen Schatten auf den gesamten Kontext werfen.

BB. Würden Sie sagen, dass dieser Nachteil in der Metaphysik nicht existiert?

ALF. Ja und nein, denn selbst im Bereich der Metaphysik kann es zu mehr oder weniger tiefgreifenden Missverständnissen kommen. Zum Beispiel, wenn die Metaphysik auf einen einfachen Zweig der Philosophie reduziert wird und ein einfacher rationaler Diskurs über sie geführt wird, während ihre inhärent spirituelle Dimension vernachlässigt wird.

BB. Das ist richtig, wie Platon oben sagte. Dies ist auch der Fall, wenn die Metaphysik jenseits aller Religionen als *religio perennis*, universelle Metaphysik und „absolute Esoterik“ angesehen wird, wodurch die Offenbarungsreligionen zu „rettenden Trugbildern“ werden (in den Worten von Frithjof Schuon).

Da Metaphysik, selbst wenn sie „universell“ ist, keine Religion ist, was wäre Ihrer Meinung nach der Gegenstand oder das Ziel der Metaphysik?

### *Esoterik und Metaphysik: die Komplementäre*

ALF. Es soll deutlich gemacht werden, dass die spirituelle Realität jenseits des spekulativen Denkens operiert. Aber Achtung, nicht im Sinne einer getrennten Existenz, sondern im Sinne einer Existenz, die sich in dem Prinzip befindet, das sie hervorgebracht hat und aus dem sie ewig entspringt. Die Metaphysik als „totale Wissenschaft“ muss den Menschen dazu führen, sich in Gott zu finden, am höchstmöglichen und höchsten Punkt, jenseits des Kosmos. Die Aufgabe der Esoterik wäre es daher, den Geist darauf vorzubereiten, sich der Transzendenz zu öffnen.

BB. Sie sehen also Esoterik und Metaphysik als komplementär an.

ALF. Ja, das ist richtig. Ich glaube nicht, dass sie getrennt werden können, sie sind Teil desselben Kreislaufs und reisen in dieselbe Richtung.

BB. Ist es dann nicht schwierig, eine solche Vision in die christliche Perspektive zu integrieren, wie sie vom kirchlichen Lehramt vorgeschlagen wird?

ALF. Ich bin mir dessen bewusst, aber ich möchte hier nicht näher darauf eingehen. Die Wahrheit des Evangeliums geht über die Grenzen dieser Diskussion hinaus. Ich möchte mich hier darauf beschränken zu sagen, dass das Ziel der echten Esoterik und der echten Metaphysik, unabhängig von ihren „äußeren Formen" und den entsprechenden Lehren, absolute Reinheit, absolute Vollkommenheit und absolute Heiligkeit ist.

BB. Ja, aber glaubst du dann, dass es menschlich möglich ist, solch hohe Ziele zu verfolgen, und entmutigen solche Ziele nicht sogar die kühnsten Seelen?

ALF. Es ist nicht wichtig, dass ein solches Ziel tatsächlich erreichbar ist, aber es ist von grundlegender Bedeutung, dass es erscheint und sogar aus der Ferne betrachtet werden kann. Der höchste Berg unseres Planeten, der Mount Everest mit seinen 8.848 Metern Höhe, schien unerreichbar, aber Edmund Hillary und Sherpa Tenzing Norgay haben ihn unglaublich erfolgreich bestiegen. Ich meine, dass man Berge nicht einfach abtragen kann, nur um jemanden davon abzuhalten, früher oder später zu versuchen, ihre Gipfel zu erreichen. Lassen wir die Landschaft unberührt und manipulieren wir sie nicht! Selbst die „Landschaft des Geistes", wenn Sie mir die Metapher gestatten, erfordert diese absolute Form des Respekts. Je schöner, unberührter und weiter sie ist, desto mehr wird sich der Mensch von ihr angezogen fühlen und in die Ferne reisen wollen.

BB. Kurz gesagt, es geht darum, den Menschen immer vor die Unendlichkeit zu stellen.

ALF. Genau, das ist es! Er wird nicht nur die Fähigkeit erlangen, zu sehen und groß zu denken, sondern auch die Fähigkeit, mit der nötigen Intensität und Ehrfurcht die Schönheit und die grenzenlose Tiefe der spirituellen Realitäten hier und darüber hinaus zu betrachten.

# Kapitel XVI

# Esoterik und „kognitive Demut“.

*Carlo Gambescia sprach von „kognitiver Demut“ gerade im Hinblick auf die Esoterik. Wenn die Esoterik Wissen anbietet, was ist dann mit diesem Wissen und welche Haltung sollte man ihm gegenüber am besten einnehmen? Dies ist das Thema dieses Interviews.*

BB. Carlo Gambescia erwähnte Ihre „kognitive Bescheidenheit“[98], gerade im Zusammenhang mit dem Lesen und Rezensieren von esoterischen Büchern. Wie kann man eine solche Haltung bewahren, wenn man privilegierten Zugang zu Wissen hat, und warum?

ALF. Vielen Dank für Ihre Frage, die mir die Möglichkeit gibt, meine tatsächliche Position gegenüber der Esoterik zu erläutern. Natürlich möchte ich die Rede nicht zu sehr personalisieren, auch wenn ich mir vollkommen bewusst bin, dass dies im Vergleich zu allem, was wir bisher gesagt haben, nur meine Meinung ist. Es sollte klar sein, dass es in dieser Frage sehr unterschiedliche Ansichten und sogar unvereinbare Positionen gibt.

### *Über Wahrheit und Meinungen*

BB. Was ist Ihrer Meinung nach der Grund für diese Unvereinbarkeit und Meinungsvielfalt?

---

[98] *In* https://cargambesciametapolitics.altervista.org/lumilta-cognitiva-di-aldo-la-fata/.

ALF. Dies hängt natürlich von der Vielfalt ab, mit der sich die Menschen auf die Dinge beziehen, aber auch von der großen Vielfalt an spekulativen Blickwinkeln und Perspektiven. Wir werden diesen Mangel an Konsens und Übereinstimmung in allen Bereichen des menschlichen Wissens finden und es wird notwendig sein, dass der Mensch sich damit versöhnt. Heraklit , in seinem Fragment 53, sagt: „Der Krieg ist die Mutter aller Dinge, die Königin aller Dinge, und er lässt die einen als Götter erscheinen, die anderen als Menschen, und er macht die einen frei und die anderen zu Sklaven". *Pólemos* (Krieg) kann im Griechischen auch mit „Eindämmung" übersetzt werden, was Polemik, Diskussion, Streit, Anfechtung entspricht. Das bedeutet, dass alle Beziehungen zwischen den Menschen von einer nicht reduzierbaren Vielfalt an Meinungen bestimmt werden. Es gibt diejenigen, denen es gelingt, daraus Nutzen zu ziehen, und diejenigen, denen dies nicht gelingt, denn letztendlich geht es nicht um richtige oder falsche Meinungen, sondern darum, was diese Meinungen mit den Menschen machen, die sie vertreten. Es sind die anthropologischen und menschlichen Ergebnisse, die zählen, und nicht die Ideen selbst.

BB. Aber ist man dann nicht geneigt, einen Relativismus der Ideen zu postulieren?

ALF. Ja, aber nur auf einer bestimmten Ebene. Ich sage nicht, dass alle Ideen gleichwertig sind und ich leugne nicht, dass es falsche, fehlerhafte oder ungenaue Meinungen oder im Gegenteil richtige, exakte und präzise Ideen gibt. Ich sage, dass wir den allen Ideen innewohnenden Trugschluss zur Kenntnis nehmen müssen, den Fehler, der in jeder Idee steckt, selbst in denen, die der Wahrheit am nächsten zu kommen scheinen.

BB. Im Buddhismus gibt es eine Maxime, dass Meinung weit vom Vollkommenen entfernt ist und dass „Meinung" nur im Vollkommenen zur „Vision" wird.

ALF. Dies ist ein Wahrheitskriterium, das sicherlich geteilt werden kann. Die Wahrheit beginnt erst zu erscheinen, wenn der Mensch lernt, die Dinge von oben zu sehen oder, wie Spinoza vorschlug, *sub specie æternitatis* („unter dem Blickwinkel der Ewigkeit"). Wir müssen jedoch verstehen, dass dieses ganz andere „Sehen" oder „Betrachten" eine spirituelle *Metanoia* („Bekehrung") voraussetzt, ohne die wir immer in dem begrenzten Rahmen des denkenden Subjekts bleiben würden.

### *Esoterik und die Gefahr des Stolzes*

BB. Was die Esoterik betrifft, finden Sie nicht, dass die Vorstellung, einen solchen Standpunkt zu vertreten, einen Laien oder, wenn Sie es so ausdrücken wollen, einen „Nicht-Spezialisten" oft mit unermesslichem Stolz erfüllt.

ALF. Sie sprechen hier ein grundlegendes Problem an, denn „Esoteriker" werden oft des Stolzes beschuldigt, aber in Wahrheit gilt diese Anschuldigung nur für falsche Esoteriker und nicht für echte. Falsche Esoteriker sind diejenigen, die sich, um es klar zu sagen, für etwas Besonderes halten und glauben, wie der Volksmund sagt, „dass ihr Ei zwei Gelbe hat". Manchmal wird diese Annahme durch besondere „psychische Fähigkeiten" genährt, die durch bestimmte Praktiken erworben worden sein können. Dies führt dazu, dass diese Personen sich selbst überschätzen, so dass sie sich wie ein Gott auf Erden fühlen. In Wirklichkeit sind echte Esoteriker niemals der neue Prometheus, sondern der Weg, den sie gehen, macht sie immer demütiger und immer mehr bestrebt, nicht in Erscheinung zu treten und sich vor der Welt zu verstecken.

BB. Aber warum gibt es dann dieses Missverständnis, selbst wenn man sich auf die authentischste Esoterik beruft?

ALF. Ich würde sagen, dass dies vor allem bei den misstrauischsten und verschlossensten Christen vorkommt, die nicht akzeptieren, dass es etwas geben könnte, das sich der

Kontrolle des Lehramts entzieht. In anderen Kulturen und spirituellen Traditionen stellt sich diese Frage nicht einmal.

BB. Haben Sie Beispiele?

ALF. Hier werden Esoteriker mit Magiern, Medien, Hexen und esoterische Praktiken mit der Herstellung von Filtern und Amuletten verwechselt, obwohl es sich um sehr unterschiedliche Realitäten handelt, die sich nicht einmal im Entferntesten ähneln, und obwohl man in einigen sogenannten esoterischen Buchhandlungen all diese Elemente schön vermischt und austauschbar gemacht findet, vom Kartenlegen bis zu René Guénon. Außerdem wird Esoterik von Christen allzu oft mit gnostischer Häresie oder noch schlimmer mit Satanismus gleichgesetzt. Anderswo – in Indien, Asien oder Afrika – ist Esoterik kein Thema, da es nicht einmal ein Wort für sie gibt. Dort würde niemand auf die Idee kommen, einen Schamanen als einen arroganten Eitlen zu bezeichnen, der den Himmel herausfordert, oder als einen gefährlichen Ketzer, der „mit den Dämonen" oder der Hölle handelt. Dies sind „unsere" Kategorien, ich meine die von uns Westlern und Europäern, die keinen universellen Charakter haben.

BB. Würden Sie sagen, dass der Vorwurf von *ὕβρις* (Hybris) zur Definition der Arroganz und des Stolzes einiger Individuen und bestimmter Formen „esoterischen" Denkens übertrieben oder falsch ist?

ALF. Ich würde sagen, dass sie, wenn sie sich auf die wahre Esoterik bezieht, unecht und erfunden ist. Andererseits besteht kein Zweifel daran, dass Stolz eine reale Tatsache ist und ein großes Laster darstellt. Und dieses „Laster" kann jeden treffen, sogar einen Papst… Beschränken wir uns darauf zu sagen, dass bestimmte Ideen oder Doktrinen unverhältnismäßige Haltungen oder sogar ethisch fragwürdige Verhaltensweisen hervorrufen können. Aber dann haben wir es mit esoterischen Lehren zu tun, die bereits korrumpiert sind, oder mit deren Fehlinterpretationen.

BB. Und wie erkennt man sie?

ALF. Ich würde sagen, im Allgemeinen durch die schlechten Früchte, die sie hervorbringen. Wenn die Quelle rein ist, kann die Teilnahme an dieser Quelle nur gute Früchte in Form von wahrer Spiritualität, Wissen und menschlicher Weisheit hervorbringen. Wo unausgewogene oder zumindest unpassende Haltungen auftreten, handelt es sich höchstwahrscheinlich um Fälschungen oder um reine Geistesblitze.

### *Esoterik und Demut*

BB. Wie Sie sagten, ist nicht so sehr der Inhalt selbst von größter Bedeutung, sondern die Wirkung, die er auf denjenigen hat, der ihn entdeckt.

ALF. Genau! Ich leugne nicht, dass der Inhalt wichtig ist; ich sage nur, dass es letztendlich darauf ankommt, was man für sich selbst und sein spirituelles Wachstum daraus zieht. Wachstum: im Sinne einer harmonischen und integralen Entwicklung der Person und als Bewusstwerdung der Grenzen des „Ichs". Ich nenne diese Erkenntnis „Demut". Je weiter man auf dem Weg der Erkenntnis (Esoterik-Gnostik) voranschreitet, desto mehr weicht das Ego zurück, bis es schließlich verschwindet. Dies ist das Beispiel von Johannes dem Täufer : „Er muss wachsen, und ich muss abnehmen" (Joh III, 30).

BB. Aber warum sollte die Esoterik ein bevorzugter Weg sein?

ALF. In Wirklichkeit ist es nur ein Weg, der für diejenigen vorbereitet ist, die ihn gehen können.

BB. Aber besteht nicht die Gefahr, dass all dieses „Wissen" eine Art kognitiven Kurzschluss in den Köpfen derjenigen verursacht, die es ohne Vorsicht und vor allem ohne angemessene Vorbereitung übernehmen?

ALF. Auf jeden Fall! Aus diesem Grund ist „kognitive Demut" wichtig, denn nur diese Demut des Geistes kann uns vor dem Zerebralismus und dem Intellektualismus als

Selbstzweck bewahren, der ein Zustand ist, der viele zeitgenössische „Esoteriker“ (oder angebliche Esoteriker) plagt. Esoterische Lehren aus reiner Neugier in seinem Gehirn zu speichern, macht keinen Sinn und ist eine völlig unnötige und gefährliche Übung für das geistige Gleichgewicht selbst. Eine andere Sache ist es, sich aus Studiengründen oder sogar aus einem echten und brennenden Wunsch nach Wissen mit Esoterik zu beschäftigen. Aber gerade in dieser zweiten und dritten Hypothese ist eine gute Dosis kognitiver Demut erforderlich, vor allem weil es sich hier um ein äußerst magmatisches Thema handelt, das mehr Selbstbeobachtung und kreative Intuition als Rationalität und Argumentation erfordert. Wenn der Geist einen bestimmten Punkt erreicht hat, muss er wissen, wie er innehalten kann.

BB. Eine vorsichtige Haltung könnte auch nicht schaden.

ALF. Natürlich ist das so. Eine wirklich wissenschaftliche Haltung muss immer von Vorsicht geleitet sein. Gerade aus wissenschaftlicher Sicht ist es ein großer Fehler, eine exklusive These zu vertreten oder sich über jeden lustig zu machen, der eine andere oder entgegengesetzte These vertritt. Die großen Philosophen haben dies nie getan und haben sich immer bemüht, zu verstehen (zu *„intelligere“*, wie die Lateiner sagen würden), bevor sie urteilten. Dies sollte auch die Regel für jeden sein, der sich mit Esoterik beschäftigt.

### *Gelehrter Esoterismus und Arroganz?*

BB. Gelehrsamkeit als Form der Arroganz…

ALF. Manchmal ja. Man neigt dazu, sich zu sehr an seine Thesen oder Interpretationen zu klammern, manchmal in der Illusion zu glauben, man habe sie entdeckt. Achtung, dies ist ein Problem, das auch Theologen betrifft, denn auch sie neigen dazu, sich an ihre Schlussfolgerungen zu klammern. Hier greift jedoch das kirchliche Lehramt ein, um die Ansichten des Theologen zu überwachen, zu kontrollieren, zu lenken und auf den rechten Weg der Orthodoxie zurückzuführen. In der Esoterik gab es nie ein Kontrollorgan oder eine Aufsichtsbehörde... oder besser gesagt, es gab sie nie bis zum Erscheinen von René Guénon (lacht).

BB. Guénon , der Hüter der esoterischen Orthodoxie!

ALF. Ja, und glauben Sie mir, jemand wie er war wirklich notwendig, wenn man bedenkt, wie sehr der Okkultismus des 19. Jahrhunderts die wahre Esoterik in Verruf gebracht hat.

BB. Und doch wird sogar Guénon der Anmaßung bezichtigt.

ALF. Ich glaube jedoch, dass diese Anschuldigung völlig unbegründet ist. Guénon war eine äußerst bescheidene Person – diejenigen, die ihn persönlich kannten, bezeugen dies und auch seine Briefe erzählen uns von einem sehr vorsichtigen und weisen Mann. Andererseits, wenn dies nicht der Fall wäre, wären sein Scharfsinn, seine Intelligenz und seine Fähigkeit, die schwierigsten Wahrheiten zu durchdringen, Eigenschaften, die buchstäblich „Schule gemacht" haben, nicht zu erklären. Kein Esoteriker – da einige von ihnen noch am Leben sind – scheint ohne Guénon auskommen zu können. Er ist ein im Wesentlichen unfehlbarer Kompass und wer weiß, wie viel Unsinn wir selbst ohne seine Lehren in diesen Gesprächen über Esoterik gesagt hätten.

BB. Ich sehe, dass Sie das Guénonsche Erbe nicht verleugnen, und es gäbe auch keinen Grund, dies zu tun. Sie sagen also, dass Demut sowohl den Esoteriker als auch den Esoterologen vor Irrtümern bewahren kann?

### *Demut als Kriterium*

ALF. Natürlich nicht immer. Es reicht nicht, demütig zu sein, um keine Fehler zu machen. Demut ist jedoch eng mit der Wahrheit verbunden. Es gibt keine Wahrheit ohne Demut, sagt sogar Augustinus: „Es ist der Stolz, der die Engel in Dämonen verwandelt hat; es ist die Demut, die die Menschen den Engeln gleich macht“[99]. Vor allem gibt es keine wahre Intelligenz ohne Demut und es besteht kein Zweifel daran, dass das Maß der Erkenntnis in gewisser Weise vom Grad der Demut abhängt. Nur in dieser Abhängigkeit ist das Wissen das Vorwissen und das Verständnis der Gnosis.

BB. Was Guénon betrifft, so steht seine Bescheidenheit außer Frage und seine Weigerung, sich als Meister zu positionieren und Jünger anzunehmen, bestätigt dies, wenn es überhaupt nötig ist. Seine professorale Seite, die bis zu einer gewissen Mathematisierung der Ideen kategorisch ist, hat jedoch zwei Seiten: Die eine scheint ihn von einer Esoterik und einer weniger konzeptuellen oder überlogischen Metaphysik zu entfernen – was für einige ein Grund für Reduktionismus sein könnte –, die andere ist, dass diese konstruierte, rationale Sprache es ihm ermöglichte, für viele hörbar zu sein und, in den Worten von Borella, zumindest im Westen die Möglichkeit einer heiligen Intellektualität wiederherzustellen – was für viele heilsam war.

ALF. Tatsächlich wandte sich Guénon an ein Publikum von gebildeten und oft sehr gebildeten Lesern und sprach mit ihnen in der Sprache eines strengen Philosophen, in dem Sinne, dass seine spekulative Subjektivität niemals die Oberhand über seine „spirituelle Person“ gewann, die in den Dienst der Tradition gestellt wurde. Wenn wir also seine gesamten Schriften betrachten, kann ich mit Sicherheit sagen, dass er sich darauf beschränkte, eine Art „Grenze“ zwischen dem zu ziehen, was traditionell ist und dem, was es nicht ist. Sein „System“ ist also kein undurchdringlicher Monolith, sondern eher ein Baum mit tausend Ästen. Wenn man bedenkt, wie viele verschiedene Ansichten sich aus seiner Rede verzweigt haben – vom „philosophisch-mystischen“ Schuon bis zum „neopaganen“ Evola – kann man zustimmen, dass es sich um

[99] Im Wesentlichen, so scheint es, siehe Predigt 123; Anm. d. Übers.

ein „offenes System“ handelte und nicht um ein geschlossenes, wie einige Leser es sich vielleicht vorgestellt haben.

BB. Und was ist mit den anderen „Meistern“ der Esoterik? Gab es irgendwelche von ihnen, die anmaßend waren?

ALF. Sie meinen also „falsche Lehrer“! (lacht). Als Beispiel möchte ich hier nur einen Giordano Bruno erwähnen, der mit seinem ungestümen Charakter bemerkenswerte Spitzen von Überheblichkeit aufwies, die er nie zu verwässern oder zu korrigieren vermochte. Bei einem Marsil Ficino und noch mehr bei einem Pico della Mirandola sind diese personalistischen und launischen Auswüchse nicht oder weit weniger spürbar. Es ist kein Zufall, dass das Interesse und der Bekanntheitsgrad von Giordano Bruno gerade mit der Aufklärung zunahm und dass sein Werk den Fürsten der rationalistischen Philosophen, Descartes , beeinflusste.

BB. Und bei unseren Zeitgenossen?

ALF. Als Beispiel möchte ich sagen, dass ein ziemlich „arroganter“ und eitler Esoteriker Arturo Reghini war. Als Gelehrter war er hervorragend, aber als Mensch hatte er ernsthafte Grenzen. Einige seiner kritischen und hyperkritischen Ausfälle gegenüber dem Christentum sind, spirituell gesehen, unsäglich, wenig großzügig und keineswegs „esoterisch“. Ein Julius Evola, der eine Zeit lang sehr gut mit ihm befreundet war und ihm auch in vielerlei Hinsicht ähnelte, war letztendlich „traditioneller“ als er – und das will etwas heißen!

BB. Und gibt es unter den Autoren, die sich auf das Werk von René Guénon berufen haben, welche, die Sie als arrogant bezeichnen würden?

ALF. Ich würde nicht wirklich sagen, dass er arrogant war, außer für einige seiner Bewunderer, die ihn so sehr vergötterten, dass sie sein Bild verunstalteten und seine Arbeit verrieten. Diese haben sich oftmals das erhaltene Wissen angeeignet und es wie einen Knüppel gegen all diejenigen eingesetzt, die nicht so dachten wie sie. In diesem Zusammenhang sprach Evola von einer „kompromisslosen guenonischen Scholastik“[100], aber es ist nicht einfach, ein Jünger zu sein, wenn der Meister uns so weit überlegen ist. Jünger zu sein ist eine Kunst, die die Fähigkeit beinhaltet, sich zu verändern, sich selbst zu transformieren, ein eigenes autonomes Selbst zu erlangen, und leider ist nicht jeder dazu in der Lage.

BB. Ich verstehe sehr gut, dass Sie keine Namen nennen; wäre es nicht arrogant, andere so zu bezeichnen? Aber können Sie vielleicht die Namen derer nennen, die es nicht waren?

ALF. Sicherlich: Titus Burckhardt (1908-1984) und Ananda Kentish Coomaraswamy (1877-1947), die in ihrem ganzen Leben nicht ein einziges Mal päpstlich waren und immer große Demut und Weisheit an den Tag gelegt haben. Wir sehen in ihnen nicht das Eindringen oder die Dominanz des Egos. Andererseits sind die deutlichsten Zeichen von Demut Sanftmut, Bescheidenheit und Wohlwollen.

BB. Papst Franziskus spricht oft von Stolz als der gefährlichsten Haltung für das Leben eines Christen und die Kirchenlehrer haben immer den „geistlichen Stolz“ gefürchtet...

ALF. Und sie hatten Recht, auch wenn es ein theologisches und anthropologisches Oxymoron ist, ein einseitiges Gefühl übermäßiger Selbstachtung als „spirituell“ zu bezeichnen. Man sollte eher von anti-spirituellem Stolz sprechen. In jedem Fall verwendet die Kirche diesen Ausdruck, um eine Person zu definieren, die behauptet, sich über Gott erheben zu wollen, die sich nicht nur ihrer Werke rühmt, als wären es ihre eigenen, sondern auch ihrer vermeintlichen spirituellen Privilegien.

BB. Dies ist ein Risiko, vor dem man sich besonders fürchtet, wenn man sich auf einen spirituellen Weg begeben hat. Einige „Eroberungen“ können das Ego eher stärken als schwächen...

---

[100] In *Quaderni di testi evoliani* n. 19, Fondazione Julius Evola , Roma 2001.

ALF. Das Risiko ist umso größer, wenn die Ansprüche und Erwartungen dieser Person sehr hoch sind, wie es bei Personen der Fall sein kann, die einen „esoterischen" Weg einschlagen. In der Tat kann dieser „Weg" in einer ersten Phase zu einer Stärkung des Selbst führen. Daher ist ein Meister oder „spiritueller Vater" notwendig, ohne den man nicht sehr weit kommen wird, es sei denn, man erhält besondere Hilfe von oben.

BB. Andererseits ist es bereits ein Akt der Demut, die Notwendigkeit eines spirituellen Lehrers anzuerkennen.

ALF. Das ist richtig! Wenn die Dinge aus diesem Blickwinkel betrachtet würden, könnten viele Ungeschicklichkeiten und Fehleinschätzungen vermieden werden. Natürlich muss man sich dann vor „falschen Propheten" und „falschen Lehrern" in Acht nehmen und im esoterischen Bereich – aber man sollte „pseudo-esoterisch" sagen – ist das Risiko sehr hoch.

BB. Die Fähigkeit, diese zu erkennen, kurz gesagt, das Unterscheidungsvermögen[101], ist nicht auch eine Frage der „Demut"?

ALF. Nun, sagen wir, es hat noch mehr mit Scharfsinn zu tun: „Seid also vorsichtig wie die Schlangen und einfältig wie die Tauben" (Mt X,16). Ist es nicht gerade eine Frage der „Klugheit", einen Sinn für das richtige Maß zu haben (dies ist Schuons Definition von Demut) oder sich seiner Grenzen bewusst zu sein? Vorsicht ist untrennbar mit Demut verbunden und Unvorsichtigkeit hingegen ist ein Akt des Stolzes.

BB. Letztendlich haben wir in diesem Interview nicht über *Ihre eigene* „kognitive Demut" gesprochen, wie sie von Carlo Gambescia „denunziert" wurde. Aber wie sollte dies

---

[101] Siehe P. Bovati , „Alla ricerca del profeta. II. Criteri per discernere i veri profeti", *Rivista del Clero* 67 (1986), S. 179.

überhaupt möglich sein? Demut im Allgemeinen und als spirituelle Qualität ist viel wertvoller.

ALF. Ob meine intellektuelle Einstellung meine esoterischen Studien immer begleitet hat oder nicht, ist von weitaus geringerer Bedeutung. Es war wichtig, hier an die Bedeutung einer Tugend zu erinnern, die nicht nur den Studenten jeder Disziplin kennzeichnen sollte, sondern die auch die Grundlage jedes spirituellen Weges ist und ohne die der Weg, jeder Weg, sofort abbricht oder sich verzweigt. Dies gilt umso mehr für den engen, so engen Weg der Esoterik.

# Kapitel XVII

# Was ist Esoterik?

*Nach einem solchen Überblick über dieses Thema war es unbedingt notwendig, eine Definition der Esoterik zu versuchen. Dies ist der Zweck dieses abschließenden Interviews.*

BB. Wir haben eine beträchtliche Anzahl von Esoterikern und Esoterismen überprüft. Wir haben die Esoterik mit der Wissenschaft, der Religion und der Metaphysik verglichen. Wir haben die Esoterik vieler Religionen in Raum und Zeit untersucht. Ich schlage vor, dass wir nun eine zusammenfassende Definition von Esoterik versuchen?

ALF. Eine Definition ist eine Abgrenzung von Begriffsgrenzen. Ein Konzept wiederum ist ein definierter und ideell konfigurierter und formulierbarer Gedanke. Mit Definitionen und Konzepten befinden wir uns also im Bereich der menschlichen Worte, während wir, um die Esoterik, die etwas in der Welt, aber nicht von der Welt ist (Joh 17,14), zu umrahmen, über das hinausgehen müssten, was gesagt werden kann

BB. Ist die Frage „Was ist Esoterik?" mit Schweigen zu beantworten?

## *Esoterik, auf dem Weg zu einer Definition*

ALF. Das wäre eigentlich eine gute Art, sich auf esoterische Weise zu verabschieden (lacht). Sagen wir, dass wir uns bei bestimmten Fragen so verhalten sollten, wie Jesus in der

Episode mit der Ehebrecherin[102]: sich bücken und mit dem Finger auf den Boden schreiben. Aber wir sind zu wenige für eine solche Geste, die zur Größe eines Meisters und eines Gottes gehört.

BB. Und so gibt es für den Rest von uns, die wir bestenfalls Zwerge auf den Schultern von Riesen sind, noch Raum für Worte; Worte, die nicht endgültig sind, aber sicherlich schlüssig in Bezug auf das, was wir bislang gesagt haben.

ALF. Ja, an dieser Stelle müssen wir zumindest zusammenfassen. Wir begannen mit der Erklärung der etymologischen Bedeutung des Wortes „Esoterik" und skizzierten die Grundzüge in ihrem historischen, anthropologischen, kulturellen und spirituellen Kontext. Jeder, der uns gelesen hat und nicht informiert war, hat zumindest etwas mehr über die Genealogie des Wortes, seine Entwicklung und die verschiedenen Realitäten, mit denen es verbunden ist, erfahren. Wir haben auch gesehen, wie es sozusagen in jedem von uns auf unterschiedliche Weise „mitschwingt" und wie es zu einem „magischen" Wort geworden ist, einem Wort, das eine mysteriöse und nicht greifbare Realität heraufbeschwört. Daraus resultiert einerseits seine große „suggestive Kraft" und andererseits die Diskreditierung, die immer noch auf dem Wort lastet und von der es nicht leicht zu befreien zu sein scheint.

BB. Können Sie die „suggestive Kraft" dieses Wortes näher erläutern?

ALF. Es unterstützt die Existenz einer verborgenen Realität, die unserem Blick und unseren Sinnen verborgen bleibt oder sogar ignoriert wird, weil sie verschleiert oder absichtlich verborgen wird. Es ist die Aura des Geheimnisses, die es umgibt, die es faszinierend macht und gleichzeitig ist es das Geheimnis, das es diskreditiert. Die Verwirrung oder

[102] Joh VIII, 1-11.

Begeisterung, die ein solches Wort auslöst, wird durch seine historische und semantische Unbestimmtheit begünstigt.

BB. Sie glauben also, dass unser Versuch einer Klärung auch nichts an diesem Zustand ändern wird?

ALF. Nein, ich glaube wirklich, dass sich nichts ändern wird! Es wird immer diejenigen geben, die Esoterik mit einem Haufen Unsinn gleichsetzen, und diejenigen, die Esoterik als eine andere Wissenschaft, als eine Grenzwissenschaft, als totales Wissen, das für die meisten Menschen unzugänglich ist, und als ein Mysterium betrachten. Und selbst wenn jemand, der besser qualifiziert ist als wir, versuchen würde, diesen unlösbaren Streit zu schlichten, würde es ihm nicht gelingen und er wäre allenfalls gezwungen, sein Urteil auszusetzen.

BB. Vielleicht entschied man sich, die ganze Angelegenheit ernst zu nehmen, aber etwas zu spät, da das Wort bereits in den Bereich der Zweideutigkeit gefallen war.

ALF. Ich denke, dass die Esoterik des 20. Jahrhunderts einen wichtigen Beitrag zur historischen Aufklärung geleistet hat, aber es gibt eine extra-dokumentarische und extra-historische Dimension, die weiterhin und immer wieder übersehen wird. Ein Esoteriker sollte sich nicht sehr von einem Theologen unterscheiden, der weiß, dass er zuerst „glauben" muss, um zu verstehen, womit er es zu tun hat. Aus diesem Grund sind meiner Meinung nach die besten Esoteriker diejenigen, die die Esoterik sehr ernst nehmen und sozusagen von einem Geist fast religiöser Inbrunst beseelt sind.

BB. Können Sie einige davon nennen?

### *Einige aktuelle oder zeitgenössische Esoteriker*

ALF. C. G. Jung (1875-1961) war meiner Meinung nach ein ausgezeichneter Esoteriker, vielleicht einer der besten und kompetentesten. Die Seiten, die er zu diesem Thema geschrieben hat, sind außerordentlich reich und inspirierend. Ich möchte hier nicht auf den psychologischen oder psychoanalytischen Rahmen eingehen, den er dem Thema gegeben hat und der meiner Meinung nach zutiefst falsch und metaphysisch und spirituell inakzeptabel ist. Es ist der Rahmen von Kompetenz und Ernsthaftigkeit, den er dem Thema gegeben hat, der lobenswert und bewundernswert ist. Große Mythographen wie K. Kerényi (1897-1973), J. Campbell (1904-1987) und J. Hillman (1926-2011) hätte es ohne ihn nicht gegeben. Und wenn dies der Fall ist, dann war auch für Mircea Eliade die Begegnung mit Jung für die Kristallisierung seines Denkens und den Aufbau seines Lexikons von entscheidender Bedeutung.

BB. Noch weitere Namen?

ALF. Nun, an erster Stelle würde ich den Römer Julius Evola (1898-1974) und an zweiter Stelle den Turiner Elémire Zolla (1926-2002) erwähnen. Beide waren in ihren Anfängen durch gegensätzliche ideologische Konstrukte deutscher Herkunft geprägt, Evola durch die *Konservative Revolution* und Zolla durch die *Frankfurter Schule*. Beide behandelten das Thema der Esoterik jedoch umfassend und boten ein sehr breites und vollständiges Panorama. Natürlich bleiben aus meiner Sicht einige ihrer Interpretationen fragwürdig; ich würde sie eher als „a-religiös" denn als supra-religiös bezeichnen, aber in Europa und der Welt gab es niemand anderen auf ihrem Niveau und das muss ehrlich anerkannt werden.

BB. Was ist mit René Guénon ? Man könnte ihn auch als Esoteriker bezeichnen, meinen Sie nicht?

ALF. Natürlich ist er das. Aber Guénon *untersuchte* die Esoterik *von innen* heraus und somit mit mehr Durchdringungsvermögen als alle anderen, einschließlich Jung, Evola und Zolla.

BB. Wie ist es heute? Gibt es ein Leben, das diesen Großen ebenbürtig ist?

ALF. In Frankreich gibt es die École Pratique des Hautes Études und es gibt würdige Gelehrte wie Jean-Pierre Brach und Jean-Pierre Laurant, die ich bereits erwähnt habe. Vielleicht sollte ich noch den Österreicher Hans Thomas Hakl[103] hinzufügen, der außergewöhnliche Fähigkeiten zu diesem Thema entwickelt hat und vielleicht eine der schönsten und reichsten Bibliotheken der Welt zu diesem Thema besitzt; ich glaube sogar, dass sie die von Umberto Eco zusammengestellte Bibliothek übertrifft.

BB. In Italien gibt es viele davon, glaube ich.

ALF. In Italien zähle ich Alessandro Grossato, Nuccio D'Anna , Claudio Lanzi und Dario Chioli zu den wichtigsten und autoritativsten Vertretern. In der Tat gibt es nicht viele andere herausragende Persönlichkeiten auf dem Gebiet der Esoterik auf der Welt, aber es gibt talentierte Gelehrte, die nicht schreiben und über die wir so gut wie nichts wissen. Ich selbst habe in meinem Leben viele von ihnen getroffen und kennengelernt.

BB. Sagen wir, um etwas zu verstehen, muss man viel lesen und sich informieren und es ist nicht einfach, Material zu finden. Was sind Ihrer Meinung nach die Mindestanforderungen an einen Neuling?

ALF. Ich würde sagen, dass Gelehrsamkeit *zu viel* und eine esoterische Organisation *zu wenig ist* – die Mitglieder haben nur Zugang zu dem, was strikt oder sehr strikt notwendig ist, um den vorgeschlagenen Weg zu gehen. Für mich zählen nur die Fähigkeiten, das Temperament, die Tugenden, die Berufung, die Geduld, die Beständigkeit, das Engagement und kurz gesagt, all die menschlichen und intellektuellen Qualitäten, die die notwendigen und unverzichtbaren Voraussetzungen darstellen.

---

[103] Nach seinem Abschluss in Rechtswissenschaften (Universität Graz, 1970) gründete er den auf Esoterik spezialisierten Ansata-Verlag und gründete die esoterische und akademische Zeitschrift *Gnostika*, deren Mitherausgeber er noch immer ist.

BB. Was wäre dann die Definition von Esoterik, die diesem Neophyten gegeben werden könnte, der diese Eigenschaften besitzt und daher „fähig ist zu verstehen"?

### *Esoterik, der Weg zum Unsichtbaren*

ALF. Nun, man könnte ihm sagen, dass die Esoterik der Weg ist, der ihn mit dem Unsichtbaren vertraut macht oder, wie man sagen könnte, mit der Seele. Man könnte ihm auch sagen, dass ihn die Erfahrung der Seele erwartet; eine Vorwegnahme dessen, was man im Tod und nach dem Tod erlebt. Und vielleicht könnte man ihn auch davon abhalten, diesen Weg zu gehen, der sicherlich nicht der einfachste Weg zu Wohlbefinden oder Glück ist, wie es sich einige unschuldige oder naive Menschen vorstellen könnten.

BB. Sagen wir: ein Weg, der die Türen der Wahrnehmung und des Unsichtbaren öffnet?

ALF. Ja, ein Weg, der die Wahrnehmung jenseits der Materie und jenseits des Sichtbaren verstärkt, der uns zu mehr Aufmerksamkeit befähigt und der die Intelligenz schärft und sie zu echtem Verständnis befähigt. Mit der Esoterik überschreitet man das, was Plinius der Ältere die *linea summae tenuitatis* nannte, die „dünnste" Linie, die das Sichtbare vom Unsichtbaren trennt.[104]

BB. Was passiert mit dem Esoteriker, wenn er diese „Grenze" überschreitet?

ALF. Dort, wo das Außen und das Innen zusammenfallen, wo es kein Innen und Außen mehr gibt, wird man wiedergeboren und von den Illusionen dieser Welt befreit. In diesem Stadium kann der Esoteriker zu einer einfachen, essentiellen und reinen Kreatur werden, wie es Buddha und Laozi waren.

---

[104] *Vgl. Naturalis Historia*, Liber xxxv, 81-83.

BB. Mit diesen Namen kehren wir zu der Idee zurück, dass es sich um einen Weg handelt, der nur wenigen Privilegierten vorbehalten ist.

ALF. Nun, es lässt sich nicht leugnen, dass es nur wenige oder sehr wenige Männer gibt, die die richtige Eignung für diesen Weg haben. Aber im Grunde denke ich nicht, dass dies ein so schwer zu akzeptierendes Konzept ist. Genies gab es schon immer in allen Bereichen und es gibt keinen Grund, warum es sie nicht auch im spirituellen Bereich geben sollte. Wenn man einmal akzeptiert hat, dass es solche Menschen gibt, muss die Vorsehung ihnen nur die Mittel zur Verfügung stellen, die ihren Talenten entsprechen, sagen wir, die ihren „spirituellen Bedürfnissen“ am besten entsprechen.

BB. Wenn ich mich nicht irre, war Guénon der Vertreter einer kontemplativen „priesterlichen Esoterik“. Andere, wie z.B. Evola, erzählten uns von einer Esoterik für die Kriegerklasse, die nicht untergeordnet, sondern eine Alternative zur priesterlichen Esoterik war. Dies führte zu einer gewissen Uneinigkeit zwischen den beiden. Andererseits wissen wir, dass es auch eine Esoterik gab, die auf die Handwerkerklasse zugeschnitten war und sogar für diejenigen, die sich selbst als „Ausgestoßene“ bezeichnen würden – ich denke hier an den Tantrismus als den „Weg der linken Hand“ und ähnliche Wege. Wie auch immer Guénon oder Evola es sehen mögen, sind all diese Unterschiede zwischen den verschiedenen Esoteriken nicht der faktische Beweis für eine nicht-einheitliche Realität?

### *Esoterik: Das Eine und das Viele*

ALF. Ich könnte antworten, dass der Wunsch nach Wahrheit alle Menschen im Allgemeinen antreibt und dass es richtig ist, dass jedem sein eigener Weg gewährt wird. Die Esoterik ist eine pluralistische Realität, daran besteht nicht der geringste Zweifel. Es gibt eine priesterliche Kunst, eine prophetische Kunst, eine königliche Kunst, eine handwerkliche

Kunst, eine Arbeiterkunst, etc. All dies sind Künste, die der Natur der Menschen, die sie ausüben, angemessen sind. Was die Esoterik betrifft, so besteht das Problem darin, dass es keine Schulen oder Organisationen mehr gibt, die sie lehren, und auch keine Lehrer, die sie in angemessener Weise vermitteln! Esoterik scheint zu einem historischen Studienobjekt, einer intellektuellen Spekulation, einer literarischen Tatsache, einer Freizeitaktivität, einem Zeitvertreib, einer Flucht oder sogar einer Flucht aus der Realität geworden zu sein

BB. Ist die Esoterik wirklich so schlecht? Wenn man sieht, wie die „persönliche Entwicklung“, die das Gegenteil davon ist, sich unter dem Banner der Esoterik versteckt, könnte man dies tatsächlich denken. Was ist also das grundlegende und unterscheidende Merkmal der wahren Esoterik?

ALF. In der extremsten Zusammenfassung würde ich sagen, dass das unterscheidende Merkmal die polarisierte Spannung zwischen dem Sichtbaren und dem Unsichtbaren ist; die Fähigkeit, Fleisch in Geist und Geist in Fleisch zu verwandeln. Dieses Ziel ist allen authentischen Esoterismen eigen. Alles, was diese Polarität verrät oder verleugnet, ist falsche Esoterik, abweichende Esoterik oder Nicht-Esoterik.

BB. Materialismus und Spiritismus weichen in der Tat von dieser notwendigen Polarisierung ab.

ALF. Das ist absolut richtig. Wenn man darüber nachdenkt, sind diese beiden Positionen spiegelbildlich und, nur scheinbar, antithetisch. Und es ist kein Zufall, dass es sich um Abweichungen handelt, die durch falsche religiöse Überzeugungen hervorgerufen werden. Der Materialist lehnt das Jenseits aufgrund einer Überbewertung der Materie ab und der Spiritualist konzentriert sich auf das Jenseits aufgrund einer Unterbewertung der Materie. Der Idealist glaubt, dass alle Realität dem Denken zugeschrieben werden kann und verneint sowohl die Materie als auch den Geist. Diese Auffassungen führen unweigerlich zu Irrealismus und können irreführende

„Realitätsfluchten“ ankündigen oder Formen der Entfremdung hervorrufen.

BB. In der Tat löst eine richtig verstandene Doktrin der Auferstehung des Fleisches, wie sie im Christentum bekannt ist, die künstliche Trennung zwischen Geist und Materie durch Integration.

ALF. Das ist wahr, auch wenn es manchmal von den Christen selbst vergessen zu werden scheint. In diesem Zusammenhang fällt mir ein, was Gustav Mayrink in seinem berühmten esoterischen Roman *Der weiße Dominikaner* schrieb: „Das Geheimnis aller Geheimnisse, das Geheimnis aller Mysterien, ist die alchemistische Transmutation des… Körpers“[105]. Der Esoteriker versteht, dass die Realität nicht aus Gegensätzen, sondern aus Komplementaritäten besteht und versucht, diese in sich selbst zu synthetisieren. In diesem Sinne stützt sich die Esoterik auf eine breitere und weniger oxymorphe Auffassung der Realität. Eine der Ursachen des Massenmaterialismus und Atheismus war die Unterdrückung der „Zwischenwelt“, nicht nur durch die Wissenschaft, sondern auch durch die Religion. In diesem Sinne ist die Esoterik wissenschaftlicher als die Wissenschaft und religiöser als die Volksreligion, denn ihre Idee einer integralen Realität, die unsichtbare, aber reale und testbare Welten umfasst, erfordert keine logischen und theoretischen Sprünge, wie es die Wissenschaft in Wirklichkeit verlangt oder wie es die Religion tut, indem sie dieses Leben zu sehr von dem anderen trennt. Die Zunahme von psychiatrischen Erkrankungen und psychischen Störungen ist die fatale Folge einer verkürzten Realitätsauffassung und eines seelenlosen oder von der Realität losgelösten spirituellen Lebens. Natürlich ist dies keine Kritik an der Religion, sondern an einer bestimmten soziologischen oder spiritualistischen Auffassung von Religion; ebenso ist dies

---

[105] Mailand: Fratelli Bocca, 1944, S. 159.

keine Kritik an der Wissenschaft, sondern an wissenschaftlichem Materialismus und Szientismus.

### *Esoterik: Vermittlung zwischen Wissenschaft und Religion?*

BB. So könnte die esoterische Perspektive auch die Aufgabe haben, Religion und Wissenschaft dazu zu bringen, ihre jeweiligen Bereiche nicht zu sehr einzuschränken und die Möglichkeit anderer kognitiver Wege und „Forschungsmethoden" in Betracht zu ziehen, wie es im Wesentlichen von Platon und Aristoteles gelehrt wurde.

ALF. Ja, das glaube ich wirklich. Esoterik könnte, wenn sie ernst genommen wird, eine vermittelnde Funktion zwischen Religion und Wissenschaft haben. Ein dritter Vergleichswert, der diese Einseitigkeiten abschwächen und ausgleichen kann.

BB. Ist dies die Aufgabe der spekulativen Esoterik im 21.

ALF. Mehr als von spekulativer Esoterik würde ich von der Weltanschauung sprechen, die mit ihren Doktrinen verbunden ist. Es besteht natürlich die Gefahr, dass die Esoterik ihre innerste und wahrhaftigste Dimension und, kurz gesagt, ihre wahre „initiatorische" und spirituelle Funktion verliert. Aber an diesem Punkt müssen wir versuchen zu retten, was noch zu retten ist und die Esoterik könnte dabei helfen.

BB. Hoffen wir also, dass dieses Buch in diesem Sinne hilfreich ist!

ALF. Ja, ich hoffe es von ganzem Herzen, auch wenn ich nicht daran glaube.

BB. Lassen Sie uns der göttlichen Vorsehung keine Grenzen setzen!

ALF. Nein, setzen Sie sie nicht auf, Gott bewahre! (Lachen).

BB. Sehr gut, ich denke, wir sind am Ende dieses letzten Interviews angelangt. Möchten Sie noch etwas hinzufügen?

ALF. Ja, ich möchte nur hinzufügen, dass es eine Ehre und ein Vergnügen war, Sie als Gesprächspartner für dieses Interview zu haben, und ich möchte Ihnen für Ihre stets intelligenten, höflichen, pünktlichen und drängenden Fragen danken, die es mir ermöglicht haben, meine Gedanken frei und unzensiert auszudrücken. Ich hoffe auch, dass ich den Leser nicht gelangweilt habe und dass ich ihm einige nützliche Denkanstöße geben konnte.

BB. Ich danke Ihnen und bitte Sie, mit einem Zitat von einem seriösen und qualifizierten Vertreter der authentischen Esoterik zu schließen.

ALF. Sehr gut, dann möchte ich mit den Worten von Plotin aus seinem berühmten Buch „*Die Enneaden*" schließen:

> Die Lehre kommt nur, um den Weg und die Reise zu weisen, aber die Vision wird dem gehören, der sie sehen will (Kap. VI, 9, 4).

ANHANG A

# BÄUME DER SEPHIROTH

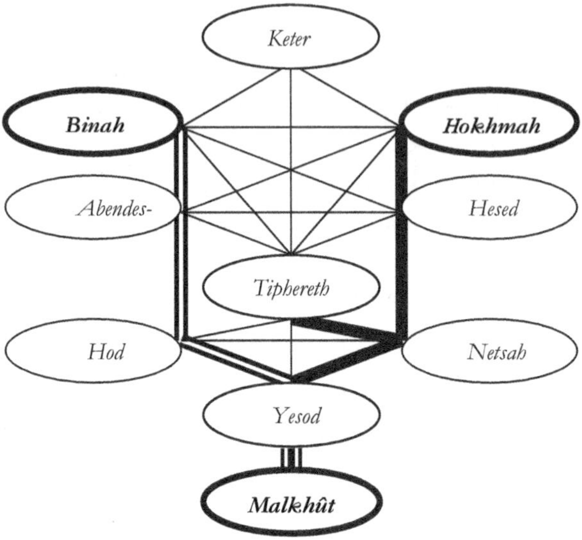


Der Prozess der prinzipiellen Substantialisierung gemäß der Symbolik der *Qabbalah* :

- Oben" ist *Keter* die unendliche Empfänglichkeit von *Binah*, durch die Gott sich selbst offenbart; „unten" ist er die kosmische Empfänglichkeit von *Malkhût*, die sich als schöpferische Substanz konkretisiert.
- Mit anderen Worten, was reine Empfänglichkeit in *Binah* und schöpferische Kontraktion in *Dîn* ist, wird zur kosmischen Leerheit in *Hod* und endet als ungreifbare und kausale Substanz in *Malkhût*.
- Dieser Prozess der prinzipiellen „Substantialisierung" hat seinen positiven Ausgangspunkt in*Hokhmah*, dessen leuchtende Fülle sich durch *Hesed* manifestiert, um von *Tiphereth* seine universelle Form zu erhalten und sich als „Leben der Welten" zu manifestieren, ein Leben, das *Yesod Malkhût,* der Substanz, vermittelt (Leo Schaya*, L'homme et l'Absolu selon la Kabbale* („*Der Mensch und das Absolute nach der Kabbala*").

# Nachwort

Der Leser dieses Buches wird sich leicht davon überzeugen können, dass es sich hierbei trotz des Titels nicht um eine neue Version von „Esoterik für Dummies“ handelt. *Esoterik für alle*[106] ist mehr als eine Definition akademischer oder anderer Art, die schwer zu formulieren ist und deren Nutzen oft illusorisch ist (siehe das letzte Kapitel), sondern bietet vielmehr die Mittel zur *Unterscheidung* der Esoterik, ihrer Natur und ihrer Funktionen.

Ohne die historische Dimension des Themas oder die Eigenheiten vieler mehr oder weniger berühmter Autoren auf diesem Gebiet zu ignorieren, ist diese Unterscheidung in erster Linie spiritueller Natur, da sie die Esoterik als einen *Ansatz* behandelt, der in den verschiedensten Bereichen zu finden ist, in diesem Sinne universell, aber dennoch religiös und kulturell in verschiedenen Kontexten differenziert ist.

Die hier gewählte dialogische Form verleiht dem Text eine wohltuende Flexibilität, die es ihm ermöglicht, nahtlos zwischen verschiedenen Registern – historischen, thematischen, autobiographischen usw. – zu wechseln. Die 17 Kapitel bieten ein Panorama der Esoterik mit einem zentralen, aber nicht ausschließlichen Bezug auf das Christentum einerseits und das Werk René Guénons andererseits.

Obwohl die vorherrschende Perspektive des Buches in der Tat christlich und sogar eindeutig katholisch ist, versucht es mutig, die Dinge zu trennen, indem es die Art und Weise beleuchtet, wie sich eine „christliche Esoterik“ manifestieren

106 Der Titel der französischen Originalausgabe war « L'ésotérisme pour tous » (Esoterik für alle).

kann, und daher ihre Beziehung zur allgemeinen Religion erörtert oder ihre möglichen Merkmale mit denen anderer Formen der Esoterik vergleicht, die mit anderen traditionellen Überzeugungen verbunden sind. Das Bewusstsein, dass es zumindest bis zum 4. Jahrhundert „geheime Traditionen" innerhalb des alten Christentums gab, wurde – nach einigen griechischen Vätern – von so unterschiedlichen Historikern wie A. Daniélou, J. Jeremias und G. Stroumsa hervorgehoben. Dies steht im Gegensatz zu einer weit verbreiteten Meinung, die erst kürzlich von R.P. Jérôme Rousse-Lacordaire, O.P., bekämpft wurde

Ohne auf Details eingehen zu wollen, die in einem einfachen Nachwort keinen Platz haben, und ohne das fast vollständige Fehlen dokumentarischer Spuren zu verbergen, die die tatsächliche historische Kontinuität solcher Traditionen belegen könnten, oder die genaue Art der in diesem Rahmen angewandten Techniken oder Mittel, über die die antiken Autoren fast schweigen, scheint es, dass der eigentliche gnoseologische Aspekt, der sich also auf das „spirituelle Wissen" bezieht, vorherrschend ist. Diese „Erkenntnis" erfolgt angeblich eher durch gelebte Assimilation als durch gelehrte Akkumulation und beruft sich vor allem auf die überrationale Intuition, die bereits von Aristoteles, den Neuplatonikern und den Kirchenvätern geschätzt wurde. Dies ist eine mögliche Verbindung zu anderen konfessionellen Ansätzen, wie z.B. der indischen Metaphysik, sowie zu dem "traditionellen" Ansatz, der seinerzeit von R. Guénon vertreten wurde.

Darüber hinaus ist anzumerken, dass das starke Wiederaufleben des Interesses an der Frage der „Vergöttlichung" im lateinischen Christentum seit den späten 1930er Jahren in der Tat eng mit dieser Lehre vom „transzendenten Intellekt" und ihrer Wiederentdeckung unter dem Einfluss einiger Theologen aus der russisch-orthodoxen *Diaspora*, insbesondere aus

Frankreich, verbunden ist. Die zentrale Idee ist hier die einer „Erkenntnis durch Konnaturalität", die nicht nur spekulativ im abstrakten Sinne, sondern auch praktisch ist, da sie darauf abzielt, die „schmackhafte" Vereinigung (bekanntlich haben „Schmackhaftigkeit" und „Weisheit" die gleiche Wurzel) zu vollziehen, die ein gnädiges Geschenk des Geistes an den Geist ist. In den letzten Jahren hat die zeitgenössische Wiederbelebung der Studien über die Vertreter der sogenannten „rheinisch-flämischen" mystischen Strömung des Mittelalters die Bedeutung dieser „eingegossenen intellektuellen Kontemplation", um mit einigen Scholastikern zu sprechen, die über den Diskurs hinausgeht, bestätigt, die der dominikanische Theologe E.-P. Noël in der Anmerkung zu seiner Pariser Ausgabe der Werke von J. Tauler bereits wenige Jahre vor dem Ersten Weltkrieg hervorgehoben hatte (die Tatsache ist in Frankreich und zu diesem Zeitpunkt außergewöhnlich genug, um erwähnt zu werden).

Das Zusammenfließen von Ontologie und Erkenntnis, d.h. die Synthese zwischen der Aktivität des Intellekts, der Aktivität des Willens auf asketisch-moralischer Ebene und dem Eingreifen der göttlichen Gnade, bedingt in erster Linie die konkrete Forderung nach spiritueller Transformation, die natürlich im Mittelpunkt des christlichen Ansatzes steht und die auch – *mutatis mutandis* – den Weg anderer konfessioneller Ansätze antreibt. In Zeiten, in denen der Rückgriff auf das konzeptuelle Register oder das Vokabular der eigentlichen „Esoterik" unbekannt ist, kann sich die „Esoterik" hinter der Ausübung der praktischen, transformierenden Tugend verbergen, die der Kontemplation zugeschrieben wird, oder sich auf bestimmte diskrete rituelle Mittel konzentrieren, anstatt auf die doktrinären Inhalte, die sie untermauern und die prinzipiell für alle zugänglich sind. Eine solche Betonung der Geheimhaltung der „Techniken" ist eine Konstante in den östlichen Religionen (Yoga, chinesische Alchemie usw.), findet sich aber unter sonst gleichen Bedingungen auch im Hesychasmus, in der jüdischen Kabbala oder im Sufismus. Ein wichtiger Aspekt ist auch die mehr oder weniger explizite Forderung nach einem vereinigenden Kontakt mit der Gottheit, der direkt *in diesem Leben* erreicht wird, eine Forderung, die bereits in der hellenistischen Theurgie und Hermetik oder auch – später – in der christlichen Kabbala der Renaissance vorhanden war. Jahrhunderts tut die angebliche Verwandtschaft zwischen letzterer und der beschwörenden „Engelsmagie" viel, um die damals weit verbreitete Gleichsetzung von Religion mit Magie und Kabbala zu bestätigen, Die Kabbala soll den Menschen mit ähnlichen Mitteln zum mystischen Entrücktsein und zu verschiedenen Formen der Engelsverwandlung führen.

Aus komplexen Gründen, die hier nicht näher erläutert werden können, entwickelten bestimmte Richtungen des deutschsprachigen lutherischen Pietismus mit theosophischer Ausrichtung (im böhmischen Sinne des Wortes) ab dem Ende des 17., Medizin und Transmutation im Hinblick auf eine körperliche Regeneration zu verbinden, die in dieser Perspektive mit der entgiftenden Vereinigung verschmilzt, die in diesem Fall besonders im Hinblick auf geistige Heilung und körperliche Wiedergeburt verstanden wird. Das Thema der Inkarnation Christi in Verbindung mit seinem Wachstum als „innerer Mensch" (teilweise aus der rheinisch-flämischen Literatur übernommen) bildet die Grundlage dieser besonderen Form der „protestantischen Esoterik", Sie wurde später häufig mit „rosenkreuzerischen" oder illuministischen Etiketten belegt, die historisch kaum gerechtfertigt sind, selbst wenn sie in einem freimaurerischen Rahmen verwendet werden, wo sie sich vor allem nach 1740 verbreiteten.

Der spätere Okkultismus (der Begriff stammt übrigens aus dem 19. Jahrhundert) förderte die Entstehung einer „esoterischen“ Gesellschaft und die Gründung von Salons, Buchhandlungen, Fachzeitschriften oder Almanachen, betonte die Bedeutung des Geschlechts und der Rolle der Frau, sich von den etablierten Religionen distanzierte, die Bedeutung des Körpers und der Sexualität betonte und sich dann wieder auf das innere „Selbst“ und das Studium der Psychologie oder der verschiedenen Bewusstseinszustände konzentrierte (parallel zu den „psychischen Studien“, die von W. James oder F. W. H. Myers durchgeführt wurden).

Ebenso interessant sind die recht persönlichen Vorschläge in den Kapiteln über die Beziehungen zwischen Esoterik und Wissenschaft, Mystik oder Metaphysik, die versuchen, die Ansichten des Autors mit den Anforderungen einer gewissen religiösen Semantik und den Perspektiven, die R. Guénon zu diesen Themen aufgezeigt hat, in Einklang zu bringen. Wir wiederholen, dass es sich hier um eine Zustimmung, einen Standpunkt (fast im Sinne eines hinduistischen *Darshan*), einen „esoterischen Blick“ (um Jean-Pierre Laurant zu zitieren) handelt und nicht um den Versuch einer objektiven und starren Definition. Esoterik, wie sie auf diesen Seiten beschrieben wird, scheint vor allem eine Vielzahl feiner und höchst persönlicher Auffassungen zu mobilisieren, die ebenso vielen verschiedenen Richtungen des spirituellen Lebens entsprechen.

Jean-Pierre BRACH

# Index der Namen

## *A*



## *B*



## *C*

*D*



*E*



*F*

*K*



*L*



*M*

## *N*



## *O*



## *P*

*U*



*V*



*W*



*Y*



*Z*



ʿ

# AUSFÜHRLICHES INHALTSVERZEICHNIS

Printed in France by Amazon
Brétigny-sur-Orge, FR

30105404R00137